Los registros akáshicos

ERNESTO ORTIZ

Prólogo: Ervin Laszlo

Los registros akáshicos

Sabiduría sagrada para la transformación

EDICIONES OBELISCO

Colección Nueva conciencia
Los registros akáshicos, sabiduría sagrada
para la transformación
Ernesto Ortiz

1.ª edición: octubre de 2022
2.ª edición: abril de 2023

Prólogo: *Ervin Laszlo*

Maquetación: *Marga Benavides*
Por los trabajos de revisión del texto: *Montserrat Carrasco*
Corrección: *TsEdi, Teleservicios Editoriales, S.L.*
Diseño de cubierta: *TsEdi, Teleservicios Editoriales, S.L.*

Imágenes reproducidas con permiso de SSRF
(www.spiritual research foundation.org), Sushila Oliphant y Thinkstock

Edita: Ediciones Obelisco, S. L.
Collita, 23-25 Pol. Ind. Molí de la Bastida
08191 Rubí - Barcelona - España
Tel. 93 309 85 25
E-mail: info@edicionesobelisco.com

ISBN: 978-84-9111-915-9
Depósito Legal: B-14.015-2022

Impreso en España en los talleres gráficos de Romanyà/Valls, S. A.
Verdaguer, 1 - 08786 Capellades (Barcelona)

Printed in Spain

Nota para el lector

Los registros akáshicos, sabiduría sagrada para la transformación consta en partes iguales de teoría y aplicación con prácticas profundas de enseñanza. Con su experiencia y profunda conexión con los registros akáshicos, Ernesto Ortiz te guía en un viaje sagrado dentro de tus propios registros akáshicos. Este libro proporciona un minucioso mapa del territorio energético para que puedas explorarlo y las diferentes formas en las que puedes utilizar los registros akáshicos y la orientación de los Maestros y Guías. Por primera vez, Ernesto también comparte la poderosa oración sagrada de los registros akáshicos en idioma maya y en jeroglíficos mayas.

Acerca del autor

Ernesto Ortiz es el fundador y director de *Journey to the Heart* (Viaje al corazón), una organización dedicada al crecimiento de la conciencia y el bienestar de las personas. Ernesto es un hombre inusual y con un don especial, cuya experiencia y estudio abarca amplios ámbitos de conocimiento. Es un destacado artista, autor, facilitador, maestro y terapeuta. Es reconocido por sus talleres innovadores, exploratorios y multidimensionales.

Ernesto ha dedicado su vida a explorar y comunicar el lenguaje del corazón, el movimiento primario y los espacios de profundidad interior. Durante los últimos veintinueve años, Ernesto ha llevado a miles de personas a un viaje desde la inercia física y emocional hasta la libertad del éxtasis, desde el caos del ego-mente, que habla sin parar, hasta el bendito vacío de la quietud y el silencio interno.

Sus talleres y retiros tienen una intensidad febril que unifica lo espiritual con lo mundano, el descubrimiento poético del alma y el enfoque moderno de las prácticas chamánicas antiguas. Ha facilitado cientos de talleres y seminarios en los Estados Unidos, Canadá, Francia, Australia, el Caribe, Indonesia, India, Malasia, Egipto, Inglaterra, México y Sudamérica. Ernesto da un respiro de vida nueva a su audiencia con sus perspectivas iluminadoras, historias graciosas y ejercicios prácticos. Sus palabras de sabiduría inspiran mentes, abren los corazones y motivan a las personas a la acción; su conocimiento sobre el poder del amor incondicional y aceptación proporciona un espacio para la transformación personal, y sus metodologías y enseñanzas están transformando la vida de cientos de miles de personas alrededor del mundo. La profunda e íntima conexión de Ernesto con los registros akáshicos comenzó en 1993. Después de estar profundamente conmovido por lo material, vio su vida transformada asistiendo a numerosas clases de registros akáshicos y, con la guía de los Maestros, comenzó a enseñar en 1997.

Ernesto tiene dos hijos increíbles, Joaquín y Magda Ortiz, y su hogar está en Miami, Florida.

Dedicatoria

Dedico este libro a los Maestros y Guías, y a los Señores del Akasha. Quiero agradecerles por la constante inspiración y guía que dan en mi vida.

A cada estudiante que ha compartido tan profundamente conmigo en los talleres y cursos intensivos que hemos experimentado juntos. Este libro es un torrente de conocimiento, experiencia y apoyo que he obtenido de mi trabajo con vosotros. Sus historias y avances personales han sido una de mis principales motivaciones para seguir enseñando este material.

Dedico este libro a mi familia por todo su apoyo y por sobrellevar conmigo mi loca agenda de viajes.

Agradecimientos

Me gustaría agradecer a la editora independiente Ingrid B. García por su ayuda con la edición del libro. Aprecio enormemente su ayuda.

Mi más profunda gratitud a mi amiga Sushila Oliphant por los diagramas y dibujos. Aprecio, también, su ayuda y su energía durante todos estos años.

Agradezco a Pedro José Román Hernández, por la corrección de la versión en español, y a Andrés Felipe Román Luque, por la traducción del prólogo de Ervin Laszlo.

Prólogo

Ervin Laszlo[1]
Junio de 2015

Ernesto Ortiz escribió un importante y práctico libro sobre el fenómeno que yo he llamado y como ahora es ampliamente conocido– el campo akáshico. Su libro es a la vez profundo y práctico, explora un dominio profundo de la realidad de una manera tal que aborda el esoterismo desde la realidad cotidiana, haciéndolo comprensible y útil a la vez.

«Los registros akáshicos», nos dice Ortiz, son campos de energía. Son llamados akáshicos porque están compuestos de Akasha, que significa «substancia o energía primordial», «sustancia de la cual se forma toda vida»; y se denominan registros porque «el objetivo de los campos es registrar toda experiencia de vida». «Los registros akáshicos contienen el conocimiento pasado y presente, experiencias y expresiones del viaje del alma desde sus inicios, así como los posibles desarrollos de

1. Ervin Laszlo es autor o editor de sesenta y nueve libros traducidos a diecinueve idiomas, tiene más de cuatrocientos artículos científicos y de divulgación, así como seis volúmenes de grabaciones de piano. Laszlo es reconocido como el fundador de la filosofía de sistemas y de la teoría de la evolución general, y es fundador y director del General Evolution Research Group y expresidente de la Sociedad Internacional de Ciencias de Sistemas (ISSS). Recibió el más alto grado en Filosofía y Ciencias Humanas de La Sorbona, la universidad de París, así como el codiciado diploma de Artista de la Academia Franz Liszt de Budapest. Sus numerosos premios y galardones incluyen cuatro doctorados honoris causa.

eventos futuros». El Akasha, afirma Ortiz, está en todas partes. «Es el tejido conectivo que mantiene el universo unido como lo hace el tejido conectivo en nuestros propios cuerpos».

El Akasha es el dominio primordial del cosmos, el dominio que conecta y recuerda. Todo lo que pasa en el espacio y tiempo está sutilmente conectado con todo lo demás, y todo lo que pasa permanece en el espacio y tiempo: se «guarda» de manera similar a la información introducida en Internet. El Akasha es el Internet cósmico que «guarda» todas las cosas en el universo.

La existencia de un dominio profundo del mundo que supera el dominio de nuestras experiencias parece una percepción subjetiva, más allá de la realidad objetiva. Sin embargo, esta visión ha sido ampliamente anticipada en la historia del pensamiento. Platón lo llamó «Reino de las Formas e Ideas» y lo identificó como el «asiento del alma». Los filósofos helénicos le dieron varios nombres: Pitágoras lo llamó «Kosmos», y Plotino, «El Uno».

Un siglo antes de Platón, Pitágoras habló del æther o éter como el quinto elemento del mundo, además de la tierra, el aire, el fuego y el agua. Aristóteles señaló que este elemento no tiene propiedades, no se calienta ni se enfría, como los otros elementos. Plotino elaboró este concepto en el cuarto tratado de su segunda Enéada. Basándose en los primeros principios, razonó que la materia debe existir en dos formas: en una forma constituye el mundo material, donde las cosas tienen forma y pueden cambiar de forma, y en otra es sin una forma propia. El principio creativo del cosmos dio origen a la materia informe, y la materia sin forma a su vez dio lugar a la materia cambiante, materia que cambia de forma.

El sabio chino Lao Tse tenía la misma visión básica. Todas las cosas se originan en el Tao y vuelven al Tao. El Tao es el origen de todo: el cielo, la Madre Tierra e incontables planetas, estrellas, galaxias y universos. Es a la vez el origen y el destino de todas las cosas. No es observable en sí mismo y ni siquiera es nombrable. El Tao no puede ser visto por nuestros ojos, no puede ser escuchado por nuestros oídos ni puede ser tocado por nuestras manos: no tiene forma, espacio o tiempo.

Una idea análoga surgió en la filosofía de la India. La realidad última del mundo es Brahman: eterna y eternamente inmutable. El mundo del espacio y tiempo es lila, el incesante juego de surgimiento y desaparición, de formación y disolución. No es más que una manifestación de Brahman.

Los rishis hindúes llamaron Akasha a la realidad profunda del mundo. Swami Vivekananda dijo que el Akasha es «la existencia omnipresente que todo lo penetra. Todo lo que tiene forma, todo lo que es resultado de la combinación, se desarrolla a partir del Akasha». Según Paramahansa Yogananda, el Akasha es el «fondo sutil» en el que todas las cosas se hacen perceptibles. Y en la misma línea, el famoso físico David Bohm notó que el verdadero significado de las cosas que aparecen ante nuestros sentidos puede ser percibido sólo cuando consideramos que dichas cosas surgen de un campo subyacente. Él llamó a este campo el «orden implicado».

En este libro, Ortiz nos dice que podemos acceder a las cosas que han sido grabadas en el campo akáshico con nuestra mente, porque nuestra mente no es física. Puede percibir, reconocer, crear experiencias y tener reacciones ante lo que experimenta. Todo a lo que nuestra mente está expuesta desde los primeros días crea una huella. Nuestra mente empieza a grabar desde el momento en que nacemos y graba a lo largo de toda nuestra vida.

Ernesto Ortiz es una de las personas más reconocidas por su capacidad para acceder a algunos aspectos y elementos de los registros akáshicos. Quien esté interesado en descubrir cómo es posible esto puede acudir con confianza a su libro, un libro de metafísica, que es al mismo tiempo un funcional libro de física práctica. Es una guía para acceder a lo que hay en nuestra mente porque ha estado en el mundo. Todo lo que ha estado en el mundo sigue presente y puede ser recuperado por nuestra mente.

La lectura de los registros akáshicos es el «recordar» del que habló Platón y que las personas modernas casi han olvidado. Es tiempo de recordar y de reconectarnos con el resto del mundo y con nuestro propio pasado, que también es nuestro presente, es lo que realmente somos. Porque no sólo estamos en el mundo, también el mundo está en nosotros. En nuestra mente es una realidad no local y no física que a través de los registros akáshicos nos conecta con el mundo.

Prefacio

Mientras completo este libro a finales del 2020, un buen número de crisis está poniendo al mundo en alerta. Hemos presenciado recesiones económicas, cambios climáticos, terremotos, tsunamis, inundaciones, tornados, pandemias, incendios, así como fallas de reactores nucleares, virus y más. Hemos visto la contaminación provocada por las compañías petroleras y cómo afecta a nuestros océanos y, al mismo tiempo, a la condición humana.

Vemos desesperación y conflictos violentos en todo el mundo, guerras y proliferación de armas. Observamos el enorme contraste entre la riqueza y la pobreza extrema en muchos países alrededor del mundo. El planeta está en alerta máxima, y todo esto afecta a las personas a un nivel muy profundo. Lo constatamos cuando algunos individuos llegan al punto de masacrar personas debido a una completa desconexión con ellos mismos y con la humanidad. Estamos perdiendo la bondad y compasión. Los profetas modernos, los cineastas, acentúan la violencia en películas y videojuegos, cultivan la violencia y el horror, y todo esto está siendo absorbido por las mentes de nuestra juventud.

En septiembre de 2005 se celebró un simposio mundial en la Universidad de Columbia, donde se reunieron científicos, ingenieros, líderes religiosos y espirituales, filósofos y economistas de todo el mundo, y se les hizo una pregunta: ¿qué está pasando con el planeta?

Los resultados fueron extraordinarios. La revista Scientific American publicó una edición especial para difundir las conclusiones del simposio de los expertos de todo el mundo, con el objetivo de crear y despertar conciencia en los habitantes del planeta. El título de la edición especial de la revista fue Encrucijada para el planeta Tierra, y el subtítulo, La raza humana está en un punto decisivo único. Al final del simposio, los científicos formularon la siguiente pregunta a la humanidad: ¿elegiremos crear el mejor de todos los mundos posibles?

Así que hoy me pregunto a mí mismo y te hago las mismas preguntas a ti: ¿qué está pasando con el planeta? ¿Qué está pasando con la gente de este planeta? ¿Cuál es tu contribución a todo esto?

Es necesario tomar conciencia de que somos parte de la crisis y de que estamos determinando las consecuencias de ella; nuestras acciones, tanto a nivel personal como planetario, son parte de la solución. Si no hacemos nada, entonces el desastre podría ser el resultado final.

Además de todo esto, estamos en los primeros años de un nuevo ciclo cósmico profetizado por los mayas. La profecía maya, que todos conocemos y está basada en su calendario, nos dice que este ciclo cósmico culminó el 21 de diciembre de 2012. Esta fecha también marca el final de un ciclo más grande que comenzó hace 5125 años. Este acontecimiento ocurre cada 25 920 años, el cual es el período requerido para que el equinoccio atraviese todos los signos del zodíaco.

La tradición maya nos habla del final del ciclo; pero no habla del fin del mundo, simplemente se refiere al fin de un ciclo. Muchas personas usan el término «apocalipsis» para describir este acontecimiento, significando con ello la destrucción y el fin del mundo. Sin embargo, el significado real del término apocalipsis no es destrucción, sino «levantamiento del velo o revelación». Espero que este libro sirva para traer conciencia a la comunidad mundial y, con esa conciencia, para que se levante el velo y tengamos la revelación interna de lo que realmente está ocurriendo.

Así, mientras exploro la pregunta de por qué todo esto está ocurriendo justo ahora, siento que en este momento estamos pasando a través de la parte angosta de un embudo, que estamos siendo exprimidos. Si miramos hacia atrás en la historia, en los ciclos de tiempo, nos percataremos de que todo se relaciona con la Tierra y el sistema solar, que se mueven juntos como una familia en un viaje. Estamos aquí, al final y al principio de los tiempos. Deberíamos preguntarnos a nosotros mismos cuál es nuestra función personal en la totalidad y nuestra contribución con el todo, y de qué manera nos unimos como familia para impactar de manera positiva al mundo y transformarlo.

Nacimos sabiendo hablar el lenguaje del corazón, el lenguaje de las emociones: pongámoslo en acción. Debemos procurar que nuestros corazones permanezcan abiertos, libres de temores y limitaciones. Necesitamos permanecer abiertos a escuchar la sabiduría del corazón y a comunicarnos con el mundo usando el lenguaje del amor, la bondad, la compasión, la tolerancia y la aceptación.

Cuando enseño en distintas partes del mundo, muchas de las personas que conozco se cuestionan lo que significa estar aquí ahora, mucha gente quiere descubrir y cultivar su espiritualidad. Más y más de los nacidos en la posguerra están retornando a su centro y muchos jóvenes están cuestionando el significado del mundo que ha sido creado (por nosotros) para ellos. Ven que no hay respuestas reales y están gravitando hacia el descubrimiento de su verdadera naturaleza, su naturaleza espiritual. Entonces, por muy malo que parezca ahora, hay un despertar espiritual mundial. Es hermoso presenciarlo.

Cuando las personas emprenden un camino espiritual y de enseñanzas espirituales, se dan cuenta de que hay mucho que sanar y mucho que descubrir sobre el Ser. Entonces, empiezan a recurrir a los registros akáshicos como medio de autodescubrimiento, para sanar y obtener respuestas a sus preguntas. En esencia, la gente quiere saber lo que significa ser feliz y estar contento, quiere saber cómo contribuir más y más a este hermoso planeta que está sufriendo y qué hacer para sanarlo.

Todos tenemos semillas dentro de nosotros que nos gustaría cuidar y nutrir. Dado que algunas de las personas de este hermoso mundo estamos despertando, las semillas interiores empiezan a germinar y es por eso por lo que anhelamos encontrar un significado más profundo a nuestras vidas.

Cuando estoy enseñando, algunos de mis estudiantes quieren que les dé una verdad potente y profunda, un secreto esotérico que venga desde los registros akáshicos. Y todo lo que les digo es que continúen desarrollando la energía del amor y la bondad que está dentro de los corazones. Nuestra esencia es pura y la bondad es nuestra verdadera naturaleza.

Continuemos enfocándonos en las cosas hermosas que están pasando. Sigamos atentos al despertar espiritual que está sucediendo en todo el mundo, de manera que nos reunamos como una comunidad global para ayudar a esos países que han sido afectados por desastres naturales. Prestemos atención a los niveles de amor y compasión que mostramos como comunidad mundial en tiempos de necesidad. La revolución espiritual que veo mientras viajo y enseño en distintos países del mundo es excepcional. La comunidad mundial está ávida de más entendimiento y estamos, de muchas maneras, volviendo a los conceptos básicos, y una de estas bases es nuestra vida espiritual.

Si nos unimos como trabajadores de luz, como millones de personas que se interesan, si unimos nuestros corazones y mentes, podemos dejar una poderosa huella en el planeta y hasta prevenir cualquier consecuencia negativa en el mundo. Es posible cambiar de la conciencia del caos a la conciencia de la armonía y la paz siempre que aprendemos el lenguaje del corazón.

Estamos ya en la sexta edad del planeta, otro ciclo de 5125 años. Ahora estamos creando los cimientos de otro ciclo cósmico y nuestros pensamientos y acciones determinarán la calidad de este nuevo comienzo. Así que si esto no es emocionante, ¡no sé qué lo es!

El tiempo avanza y todos los jugadores están en su lugar. Es como si el planeta se estuviese preparando para recibir, esperando nuestra contribución. Recordemos que es a nosotros mismos a quienes estábamos esperando. Somos los niños, somos los ancianos, somos el pasado, somos el futuro, somos los místicos y los chamanes, somos los sacerdotes y las sacerdotisas, somos los ancestros que llevamos la sabiduría y el conocimiento del pasado con nosotros mientras moldeamos el futuro.

Acompáñame en este camino, en este camino o jornada al corazón.

Visión

A tus ojos cansados traigo una visión
de un mundo diferente,
tan nuevo, limpio y fresco
que olvidarás el dolor y las penas
del que viste hasta ahora.
Pero habrás de compartir esta visión
con cualquiera que te encuentres,
pues de lo contrario no podrás mantenerla.
Dar este regalo
es la manera de hacerlo tuyo.

Un curso de milagros

Introducción

Cada libro inicia con un solo párrafo. Este libro no es diferente, excepto que este libro también comienza con un respiro consciente. Haz una pausa por un momento y respira profundo. Libéralo lentamente. Toma un segundo respiro, de manera profunda, suave, amable, amorosa, y bájalo por todo tu cuerpo. Al exhalar, lleva tu atención hacia tu corazón. Hazte el compromiso a ti mismo de que, cada vez que tomes este libro, respirarás conscientemente. Establece la intención de que al leer enfocarás tu atención en tu corazón. Experimentarás el mejor entendimiento posible, permitiendo que tu corazón reciba la información para luego dirigirla a tu mente. Te invito a entrar a un espacio de exploración que te llevará profundo dentro de ti mismo. Te invito a entrar a un espacio de posibilidades abiertas mientras vamos juntos entendiendo los registros akáshicos.

El viaje comienza con un solo respiro y un corazón abierto.

Estamos aquí con un propósito que es tanto individual como colectivo. No estamos aquí para crecer, el crecimiento es inevitable: las plantas crecen, los animales crecen, los peces crecen... Nosotros, los seres humanos, tenemos una oportunidad única: estamos aquí con la capacidad de reinventar nuestro mundo y de reinventarnos a nosotros mismos. Al presentar esta información, mi más profunda esperanza es que todos podamos contribuir con los grandes cambios colectivos que se necesitan en el mundo. Y, al mismo tiempo, que la mayoría de nosotros reconozcamos que el cambio externo surge del cambio interno individual. La información presentada aquí puede llevarte a un viaje de autodescubrimiento. Te dará las herramientas para convertirte en el arquitecto de tu propia vida, así como en un arqueólogo de tu interior. ¿Estás listo para comenzar el viaje para descubrirte y reinventarte? Ten presente que hay muchos desafíos, pero reconoce que valen el objetivo final.

¿Cuál es el objetivo final? Para muchos de nosotros, el objetivo es el mismo que ha sido durante eones, el de verdaderamente «conocerse a sí mismo». El objetivo es saber quién eres realmente, qué es lo que viniste a hacer, así como descubrir los patrones de autolimitación que te impiden darte cuenta plenamente de tu belleza interna, de tu magnificencia, y despertar.

Como pregunta inicial en mi taller de registros akáshicos, a menudo pregunto: ¿Qué te hace hermoso, talentoso, maravilloso y magnífico? En la mayoría de los casos, en el momento en que hago la pregunta, las personas empiezan a moverse sobre sus asientos, a encogerse de brazos y a sonrojarse, sintiéndose muy incómodos. Casi siempre, la respuesta es un silencio total. Entonces les digo que empezaré a señalarlos con mi dedo y que todos tendrán que compartir. A medida que las personas comienzan a compartir, por lo general, hablan de lo que hacen o de lo que les gusta hacer, pero sólo unos pocos pueden hablar de su belleza interna y su magnificencia. Varias personas terminan manifestándome que simplemente no saben. Algunos me dicen que sienten que no merecen ser hermosos debido a eventos trágicos que han ocurrido en sus vidas. A través de la exploración sincera de ti mismo, usando los registros akáshicos, puedes alcanzar la realización plena de tu belleza y tu magnificencia.

Más adelante, compartiré contigo un hermoso poema que te ayudará a comprender y a entrar a un espacio donde podrás explorar y llegar al punto de aceptación de tu magnificencia. El único requisito es tener un corazón abierto y el valor de ver profundamente dentro de ti.

Cuando un arquitecto construye, prueba una y otra vez durante todo el proceso para asegurarse de que la estructura sea sólida. Se espera que el arquitecto haya tomado todas las medidas necesarias para garantizar que la estructura sea fuerte y que resistirá cualquier contingencia que pueda presentarse, ya sean temblores, terremotos o fuertes vientos. En nuestro caso, estas tormentas o terremotos son los sentimientos y emociones fuertes que invariablemente surgen y con los que interactuamos y creamos en nuestras vidas.

Nos aseguramos de que nuestras vidas sean fuertes y equilibradas teniendo una práctica espiritual consistente, aprendiendo diferentes técnicas, como los registros akáshicos o la meditación. Somos como aviones, nunca permanecemos al cien por ciento en nuestra ruta, siempre debemos compensar las corrientes de aire haciendo pequeñas correcciones en nuestra trayectoria. De esta manera, llegamos al destino.

Pero no es sólo acerca de la estructura externa. El arqueólogo interno es quien está dispuesto a explorar y descubrir lo que hay dentro. Él o ella sabe que hay más para sí de lo que está en la superficie, que hay grandes profundidades por ser exploradas. El arqueólogo interno sabe que su contribución al mundo sólo puede venir de un espacio sano de autodescubrimiento.

Varios de nosotros, especialmente aquellos que vivimos en el mundo occidental, hemos creado una vida de comodidad y facilidad. Aunque tenemos que trabajar para ganar nuestro dinero, no estamos atravesando la lucha profunda que muchas otras personas en el mundo pasan para satisfacer incluso sus necesidades más básicas.

Nuestras vidas son como una hermosa colina verde, fértil y bien cuidada. Ocasionalmente pisamos algo que un perro dejó atrás y nos sentimos muy mal porque tenemos que limpiarlo. Cuando esto sucede una y otra vez, cuando seguimos limpiando cosas sólo para encontrar otra montaña de otras tantas cosas no deseadas, nos damos cuenta de que el espíritu nos empuja a entrar a un espacio interno más profundo. En este punto, el arqueólogo en nuestro interior despierta y dice: «Está bien, no podemos seguir pisando la misma caca de perro, necesitamos ver muy adentro y descubrir lo que está desencadenando toda esta confusión externa, insatisfacción y agitación en nuestras vidas». Nuestro Ser Superior crea las condiciones y las circunstancias en la vida para que el arqueólogo en nuestro interior intervenga.

De esta manera, comenzamos el viaje de autodescubrimiento. Me gusta ver esta aventura como si cultiváramos una tierra verde y fértil, pero algo nos dice que debemos excavar. Cuando lo hacemos, encontramos viejos esqueletos, recuerdos de traumas del pasado. Descubrimos eventos del pasado y volvemos a experimentarlos una vez más. Tal vez hemos trabajado en esto antes, pero por alguna razón no hemos llegado a un punto de completa resolución, por lo que las cargas energéticas y emocionales aún están allí mirándonos a la cara. Por favor, ten en cuenta que tenemos las herramientas arqueológicas para hacer de este viaje de descubrimiento uno mucho más fácil. Ya no estamos solos. Tenemos la guía, la iluminación y la dirección de los Maestros y Guías. Tenemos a los Señores del Akasha haciendo el viaje con nosotros. Y por eso, ahora, podemos continuar cavando y, a medida que encontramos esqueletos, tenemos las herramientas para buscar una resolución definitiva a todos los eventos pasados y, también, para llevar todos los problemas actuales a un estado de paz total y permanente.

Además, descubriremos un patrón similar al que encuentra un arqueólogo en su estudio de campo, que halla que una tribu o cultura conquistó y construyó sobre las ruinas de ocupantes anteriores. Conforme pasó el tiempo, otra tribu o cultura más fuerte vino y conquistó, y el patrón continuó. Ésta es la naturaleza de nuestra psique. Construimos experiencias una encima de otra; y si no logramos la resolución completa de algo que ocurrió, simplemente seguimos adelante y lo enterramos en las profundidades de nuestra psique. Eventualmente, los cadáveres del pasado comienzan a descomponerse y poco a poco crean un hedor en nuestras vidas. En algún momento, simplemente no podemos soportarlo más y sabemos que necesitamos hacer algo al respecto.

Ahora tenemos la oportunidad de seguir cavando con las herramientas adecuadas y con la ayuda adecuada, haciendo este viaje mucho más efectivo. Al hallar los cadáveres del pasado, también descubrimos los tesoros, las verdaderas joyas. Podremos colocarlos de nuevo en el altar de nuestro corazón. Éstos son los méritos que hemos ganado, no sólo en esta vida, sino que han sido acumulados durante varias vidas. Podemos verlo como nuestro buen karma que nos ha traído a este tiempo y lugar para estar expuestos a las enseñanzas de los registros akáshicos.

Aquí hay otra forma de entender este proceso. Imagina tu vida como un estanque de agua. A medida que trasegamos por la vida, caen sobre el estanque gajos, ramas, hojas, polvo, tierra y residuos. Parte de este material se extrae, especialmente si seguimos un camino espiritual. Estos residuos representan nuestras emociones, material que lentamente se hundirá en el fondo del estanque si no cuidamos de ello. Algunas veces ocurren en nuestra vida situaciones difíciles y no estamos adecuadamente equipados para manejarlas. Lo que acabamos haciendo es tomar esas emociones, poniéndolas dentro de un barril de acero de cincuenta galones, sellándolo y arrojándolo al estanque. Lentamente se hunde. Se va al subconsciente y lo olvidamos por completo.

Después de un tiempo, si hacemos nuestra vida buena y cómoda, el estanque comienza a verse agradable y claro. Nos ocupamos de lo que cae, en su mayor parte lo mantenemos bien y el estanque luce genial. Pero, desafortunadamente, la vida es impredecible. Antes de que te des cuenta, algo sucede en tu vida: es como si alguien metiera el brazo en tu estanque limpio y lo agitara.

Todo el sedimento que estaba en el fondo del estanque queda revuelto repentinamente y el agua ya no es tan clara. Con todo ese sedimento traído a la superficie, tienes la maravillosa oportunidad de utilizar los registros akáshicos para comenzar a examinarlo y sanarte a ti mismo. Es como si los registros akáshicos te proporcionaran una gran red que puedes utilizar para empezar a sacar cosas de tu estanque.

Poco a poco, lo que no se saca, comenzará a hundirse de nuevo lentamente hasta el fondo del estanque y las cosas comenzarán a verse bien otra vez. Sin embargo, no te olvides de ese barril de cincuenta galones del que hablamos. Lo que se almacena en este barril es como un desecho tóxico, y las aguas son nuestras emociones. Con el tiempo, el agua comienza a corroer el barril de acero. Muchas veces hemos encadenado este barril al fondo del estanque para asegurarnos de que no suba a la superficie, pero la cadena se corroe y el barril eventualmente se abre. Antes de que te percates, todo ese desecho tóxico viene a la superficie y, en ese momento, realmente no tienes otra opción más que lidiar con ello.

Si tienes alguna práctica espiritual o usas tus registros akáshicos, posees maravillosas herramientas para lidiar con ello. Si no, podrías estar cerca de un colapso mental. Hemos visto esto ejemplificado por algunos televangelistas que predican todo el día y luego son sorprendidos saliendo de un motel con una prostituta. Una vez que son descubiertos, en lugar de responsabilizarse de sus acciones, podemos escucharlos decir: «Realmente no fui yo. ¡El demonio me llevó a hacerlo! ¡El diablo me forzó hacerlo!». ¿Qué clase de excusa es ésa? Desafortunadamente, al no hacerse responsables de lo que ha sucedido, entran en una profunda negación y tienen un colapso mental. Terminan tomando medicamentos y adormeciéndose a sí mismos en lugar de afrontar el problema y explorarlo para llegar a la raíz de la causa y sanarlo.

Esperemos que algo así nunca pase en tu vida; pero si pasa, ahora tienes las herramientas para enfrentarlo en el espacio de amor más puro, el espacio del Akasha. En este espacio, nunca sentirás o escucharás alguna palabra de juicio o crítica. Es un espacio donde podrás ir segura y amorosamente para resolver todo el material que se acumule en tu estanque.

¿Estas listo para empezar a explorar? ¡Vamos!

Capítulo 1

¿Qué son los registros akáshicos?

La palabra *Akasha* es una palabra que en sánscrito tiene varios significados: sustancia primordial, éter o cosmos. Los registros akáshicos contienen todos los registros de cada circunstancia y acción de cada conciencia en todas las realidades. Ellos son la historia de la evolución de tu alma desde el momento de su origen hasta el tiempo presente. Son la suma de todo el conocimiento, pasado y presente, y tienen la posibilidad de revelar eventos futuros (basado en las acciones o las actitudes). Registros akáshicos es el término utilizado para describir el compendio de todo el conocimiento de la experiencia, codificado y guardado en un plano de existencia no físico (es decir, espiritual) llamado *Akasha*. Me gusta pensar que los registros akáshicos son como la Biblioteca del Congreso del Alma. Éstos contienen las grabaciones de tu progresión de vidas y están inscritas en tu *Libro de la vida* personal.

Cada experiencia, pensamiento y emoción de cada ser viviente, tanto animal como humano, se guarda en esta biblioteca cósmica. Cada forma de vida contribuye y a la vez tiene acceso a los registros. Algunos filósofos, psíquicos, místicos y practicantes espirituales afirman que es posible acceder a los eventos registrados en el Akasha a través de ciertos estados de conciencia. Algunas personas acceden a los registros akáshicos a través de sueños, trance, meditación o experiencias cercanas a la muerte, pero estos métodos son generalmente impredecibles. El místico americano Edgar Cayce fue un ejemplo de alguien que afirmó haber leído y utilizado exitosamente los registros akáshicos.

Es verdad que a través de ciertas técnicas y prácticas espirituales, como el yoga, la meditación, el pranayama, la oración y la visualización, se puede sosegar la mente para alcanzar el estado preconsciente necesario para acceder a los registros. También se puede hacerlo si se tienen las habilidades psíquicas adecuadas, como Edgar Cayce. Para nuestros propósitos, de todas maneras, utilizaremos la oración que nos dieron los mayas, la oración sagrada. Como veremos, no es suficiente simplemente con leer la oración. Debes prepararte de forma cuidadosa y mantener el corazón abierto, para conectarte con los registros y recibir la información.

El Akasha ha formado parte de muchos sistemas de creencias ancestrales. Los registros akáshicos han estado en numerosas culturas: indios, moros, tibetanos, bonpos, egipcios, persas, caldeos, griegos, chinos, hebreos, cristianos, druidas y mayas han hablado abiertamente sobre ellos y han declarado haber tenido acceso a ellos. Antiguos manuscritos y textos sagrados mencionan que los antiguos sabios indios de los Himalayas sabían que cada alma, o atman, registró cada momento de su existencia en un libro y que, si uno se sintoniza correctamente, puede acceder a ese libro. En India, hay lectores de hojas de palma Nadi. La creencia es que el Señor Shiva graba los registros akáshicos sobre hojas de palma y cada ser humano tiene una hoja en la que la progresión de su alma y camino están registrados. Tal vez las hojas Nadi son un aspecto físico de los registros akáshicos. En el misticismo hindú, Akasha es la sustancia en la que tales eventos están grabados; también es de lo que están hechos los elementos básicos de la naturaleza –tierra, fuego, agua y aire–, la membrana que envuelve todo en el universo y la sustancia que mantiene todo unido en la esencia del amor.

Nostradamus afirmó haber tenido acceso al Akasha utilizando métodos derivados de los oráculos griegos, el cristianismo, el misticismo sufí y la cábala. Otras personas afirman haber utilizado conscientemente los registros akáshicos, entre ellos Alice Bailey, William Lilly, Manly P. Hall, Rudolf Steiner y, por supuesto, Edgar Cayce. Se cree que los Vedas, los textos más antiguos del hinduismo, y el sánscrito, uno de los idiomas más antiguos, se extrajeron directamente del Akasha. Según antiguos textos y pergaminos egipcios, aquellos que podían leer los registros akáshicos fueron de gran estima y eran quienes aconsejaban a los faraones en las actividades diarias y en la interpretación de los sueños. Los sumos sacerdotes y sacerdotisas de la tradición maya revelaron los registros akáshicos a las personas para ayudarlas a llevar su energía y conocimiento a un reino mucho más alto o un estado de conciencia superior. A través de la tradición maya, hemos recibido la oración sagrada.

Otros nombres para los registros akáshicos

El libro de Urantia confirma la validez y realidad de los registros akáshicos en varios relatos. El documento 25 contiene la siguiente declaración: «Los ángeles registradores de los planetas habitados son la fuente de todos los registros individuales». El libro trata sobre Dios, Jesús, la ciencia, la cosmología y la religión. Se dice que es un libro del destino. Fue revelado alrededor de 1924 y su principal objetivo es exponer los conceptos de una verdad superior y, de esta manera, ampliar la conciencia del lector.

Algunos otros nombres con los que se conocen los registros akáshicos son:

- Libro de la vida (cristiano: Filipenses 4:3; Malaquías 3:16; Revelaciones 3:5, 3:8, 3:17, 8: 20-21, 8:27. Allí se dice: «En los últimos días, estos libros serán abiertos»).
- Consciencia cósmica/colectiva.
- Mente cósmica.
- Mente universal.
- Memoria de la naturaleza.
- Biblioteca universal.
- Libro de la memoria (judío).
- Salón del aprendizaje.
- Salón del conocimiento.
- Repositorio de Thoth (egipcio).
- *Der Bewusstseinsraum* (alemán, se puede traducir como «la sala del conocimiento consciente de ti mismo»).
- Crónicas akáshicas.

- Registros etéricos (tibetanos).
- *Anima mundi* (el alma del mundo).

Muchas personas tienen una forma lineal de pensar sobre los registros akáshicos. Los visualizan como una gran biblioteca o un templo etérico, un lugar donde se guardan todos los registros y pergaminos. En cierto modo esto es correcto, pero es mucho más que eso. Consulta el diagrama del Akasha en la página 33. Al observar el diagrama, verás la palabra Akasha en el extremo derecho con una flecha vertical, hacia arriba y abajo. Esto representa la forma en que el Akasha está en todas partes: es el tejido conectivo que mantiene al universo unido, semejante al tejido conectivo en nuestros propios cuerpos. Este tejido conectivo envuelve desde la más pequeña de las células hasta los huesos y los órganos más grandes en nuestro cuerpo, y sin este tejido conectivo todo nuestro cuerpo simplemente colapsaría. De la misma manera, el Akasha es el tejido conectivo que envuelve todo el universo, continuando hasta el infinito. La parte más hermosa de esto es que la esencia más pura del Akasha es el amor. Esto significa que si verdaderamente aprendemos a hablar el lenguaje del amor, a través de esta membrana podemos influir no sólo en nuestro mundo, sino también en el universo. Con la energía que fluye en nuestros corazones desde un espacio ya sanado, podemos dar nuestra belleza y magnificencia a todos los mundos en la esencia pura del amor.

El triángulo en el diagrama representa los diferentes planos de la conciencia, los planos físico, astral, causal, mental y etéreo. En este libro exploraremos más adelante cada uno de estos planos con mayor profundidad.

Akasha

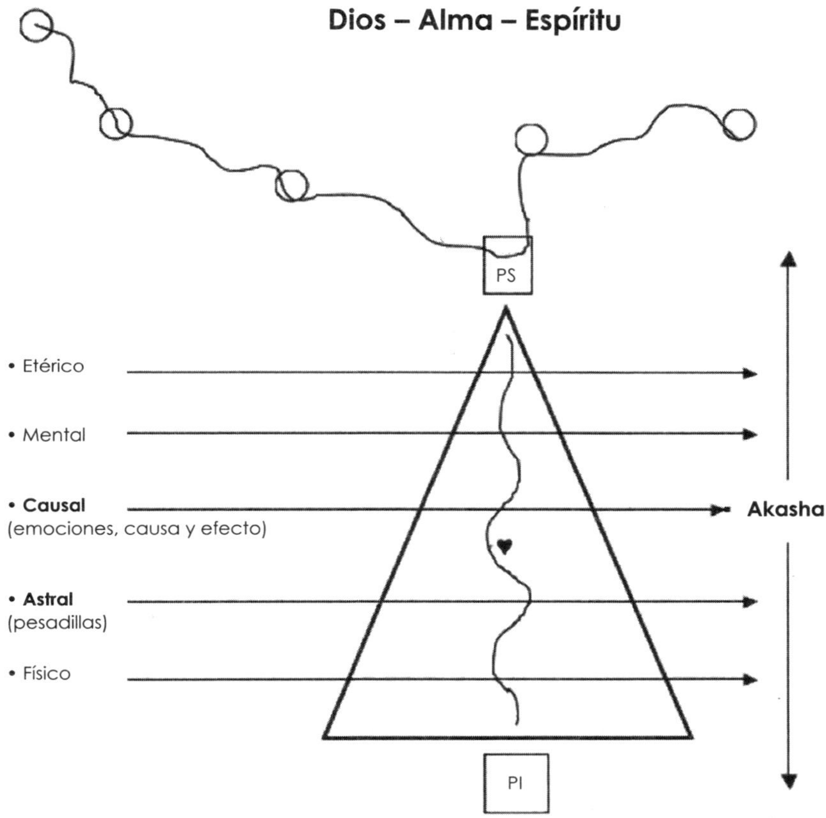

Akasha y los diferentes planos de conciencia

Aprender cómo acceder a tus registros akáshicos te dará la oportunidad de usar la energía e información de los registros en forma personal. Serás capaz de hacer preguntas generales para resolver problemas o para promover tu crecimiento personal y espiritual. La energía sanadora de los registros akáshicos nos da la gracia de la libertad en todas las cosas, anulando cualquier ilusión que hayamos creado y que nos hace creer que estamos separados del Espíritu. El material que te presentamos aquí proviene de una antigua escuela de conocimiento que nunca te aburrirá. Al entrar en esta misteriosa escuela y comenzar su estudio, reconocerás su potencial y valor para tu crecimiento espiritual. Encontrarás información en niveles cada vez más profundos a partir de tu voluntad y actitud receptiva, y de la relación que desarrolles con los Maestros, los Guardianes de los registros. Siempre actúa con tu nivel más alto de honestidad e integridad. A medida que explores las relaciones y otros asuntos, pregunta por el mayor bien para todos los involucrados.

Los registros akáshicos son, hoy día, una de las herramientas más poderosas disponibles en el planeta para ayudarnos a recordar nuestra unidad con Dios y nuestra propia belleza y magnificencia. Un punto muy importante que debes recordar es que este proceso no reemplaza a ningún otro trabajo espiritual en el que estés actualmente involucrado, pero lo mejorará. Aprender de este material es trabajar con la luz para el bien más alto, mirando al Espíritu de una manera sencilla para tu guía, dirección e información. Tu apertura determinará lo que aprendas aquí y cómo lo usarás.

Capítulo 2

¿Qué pueden hacer los registros akáshicos por ti?

Los registros akáshicos pueden proporcionarte guía ilimitada y siempre están disponibles para inspirarte en tu vida, son la guía de luz que has estado buscando. Es como si alguien te diera una bola de cristal mágica. Si simplemente la observas y confías en ella, te proporcionará una visión ilimitada de cómo podría ser tu futuro. Pueden guiarte para tomar las decisiones correctas entre las muchas que están disponibles para ti todo el tiempo. Son como una hoja de ruta que te guiará por un largo viaje, brindándote todos los detalles sobre dónde girar, dónde detenerte por alimento o descansar, dónde cargar gasolina para que no te quedes sin combustible y todo lo demás que necesitas para llegar seguro a tu destino.

¿Sería valioso para ti? ¡Estoy seguro de que estás diciendo «SÍ»! Sin embargo, también estoy seguro de que aflorarán problemas del pasado, porque todos hemos sido programados para no confiar, y te aseguro que estos problemas surgirán como un obstáculo para tu progreso.

A medida que avancemos con este material, aprenderás invaluable información; la más importante es la oración sagrada que nos ha sido transmitida desde la tradición maya. Esta oración sagrada es la que abre el portal de los registros akáshicos. Crea los medios para acceder a tu propio Libro de la vida y para establecer comunicación y una relación con los Maestros y Guías, los Señores del Akasha. Más adelante hablaremos sobre cómo recibimos la oración.

Después de aprender la oración sagrada, aprenderás los puntos de gracia. Éstos son puntos que se manifiestan en cualquiera de las manos en función de la naturaleza del problema que estamos explorando. Si el problema tiene componentes femeninos, los puntos de gracia aparecerán en la mano izquierda. Si el problema tiene componentes masculinos, los puntos de gracia se manifestarán en la mano derecha. Los puntos de gracia nos fueron dados desde los registros akáshicos. Son puntos de acción que ayudan a retener la información que estamos recibiendo o permiten liberar material que ya no nos sirve. Exploraremos los puntos de gracia con mayor detalle más adelante en el libro. Además, aprenderás uno de los medios de protección más poderosos. La oración sagrada tiene un fragmento para pedir que el escudo de amor y verdad se coloque a tu alrededor, éste es el amor y la verdad de Dios. Cuanta más luz interior generes, más grande será la protección que necesites, y los registros akáshicos harán esto por ti.

También aprenderás a utilizar la energía de los registros akáshicos con cualquier otra práctica que estés desarrollando. Si practicas Reiki, eres trabajador de energía, masajista, psicoterapeuta o médico, podrás utilizar esta energía sagrada para elevarte al siguiente nivel de tu potencial personal en tu práctica. Esto no se aplica exclusivamente a los profesionales de la salud. Los registros akáshicos te pueden brindar la inspiración para ser un mejor comunicador en cualquier aspecto de tu vida. Puedes combinar los registros akáshicos con casi cualquier cosa que hagas. Si practicas meditación y quieres llevar tu meditación a un espacio mucho más profundo, entonces abre tus registros akáshicos cuando te sientes a meditar. Esto te llevará mucho más profundo que antes y, como resultado, recibirás hermosas revelaciones.

Los registros akáshicos pueden ser la mejor herramienta para traer paz y resolver relaciones conflictivas, especialmente con las personas que han hecho su transición. Son frecuentes los casos en los que tuvimos una relación problemática con nuestro padre, madre u otro pariente, pero ellos trascendieron antes de que pudiésemos estar en paz. Dependiendo de la gravedad de los problemas con los que una persona muere, puede o no ser capaz de hacer su transición completa y permitir que su alma descanse en paz. Es posible que quede atrapada en el plano astral, en un patrón de espera hasta que pueda encontrar paz y resolución.

Cuando llegue el momento adecuado, cuando estés en el espacio adecuado del corazón, los Maestros y Guías te traerán al pariente o amigo a tu presencia, entonces podrás dialogar y quedar en paz. Cuando esa alma es finalmente capaz de hablar contigo desde un espacio de amor incondicional, en lugar de hacerlo desde un espacio humano de temor e inseguridad, llegará la liberación para él o ella. El resultado es la libertad espiritual del alma para seguir adelante en la escuela de la luz y estar preparada para su próxima encarnación. Aprenderás la forma fácil de conectarte, una que obviará la prueba y el error, y te permitirá entrar en tu corazón, abrir tus registros akáshicos y estar conectado con la Fuente Superior en todo momento.

Con frecuencia pregunto a mis estudiantes: «¿Alguna vez has estado conectado con tus registros akáshicos? ¿Has estado allí? ¿Cómo llegaste allí? ¿Qué viste? ¿Cómo sabes que era el verdadero Akasha?». Muchos de ellos dicen que esto ocurrió durante su meditación, un sueño o cuando estaban haciendo un trabajo interior que creó un estado alterado de conciencia. A menudo ven un hermoso templo etérico con grandes pilares, colores pastel, techos altos, y tienen una sensación general de amor y paz. Algunos ven pergaminos o grandes libros encuadernados en cuero que siempre parecen ser muy viejos. Otras personas ven una gran biblioteca en la que seres vestidos con colores pastel flotan con pergaminos o grandes libros. Ven ángeles colocando los pergaminos en los estantes y transportando la información desde abajo, en el plano terrestre, hasta el Akasha.

La siguiente pregunta que hago es: «¿Puedes ir una y otra vez a este lugar que tan bellamente estás describiendo, incluso dos o tres veces al día? ¿Puedes acceder a este universo a voluntad?». La respuesta es siempre la misma: «No. Sucede espontáneamente y es algo que no podemos hacer con facilidad». ¡La buena noticia es que con la oración sagrada podemos hacerlo! Podemos llegar a este lugar tres o cuatro veces al día, o más si quisiéramos. Con esta oración tenemos fácil acceso al Akasha, donde toda la belleza, magia, paz y amor que viene de los Maestros estará esperándonos.

Llamo a los registros akáshicos la Biblioteca del Congreso del Alma. Imagina la Biblioteca del Congreso en Washington, D.C., un lugar enorme donde puedes encontrar cualquier información. Esta biblioteca tiene varios niveles y cada nivel tiene numerosos departamentos a los que puedes ir y obtener información o, simplemente, puedes ir y descansar en cómodos sofás, escuchar hermosa música o recargar tu energía. Imagina los registros akáshicos como una biblioteca así como ésta, excepto que es mucho más hermosa. Imagina un lugar donde, al momento de entrar, te reciben los Maestros que irradian una enorme cantidad de amor incondicional. Cuando llegas, ellos están ahí para darte la bienvenida y guiarte en una aventura de autodescubrimiento por la biblioteca.

La biblioteca es tan vasta que tienes que aprender a navegar en ella y a utilizarla de la mejor manera. Cuando llegas por primera vez, es como si las puertas se abrieran y te encontraras en el vestíbulo. Desde allí serás escoltado a la recepción, donde encontrarás diferentes opciones. Una es, simplemente, encontrar un lugar cómodo para sentarte en la energía. Cuando lo haces, es como si estuvieras rodeado de neblina, una suave lluvia o nube que desciende y envuelve tu cuerpo entero. La energía de los registros akáshicos contiene todos los ingredientes para sanar. La información que recibes se proporciona para satisfacer tu necesidad de saber. La energía contenida en los registros akáshicos es transformadora. Tiene todo el poder para cambiar, sanar, reestructurar y transformar. Si somos suficientemente sensibles, si podemos confiar y creer que la energía sutil puede sanar, entonces simplemente nos sentamos en la energía y permitimos que el proceso ocurra.

Estamos programados desde la infancia para descubrir, para saber más sobre nosotros mismos y el mundo. Basta con mirar lo que construimos en casi todas las ciudades: grandes estructuras dedicadas a difundir el conocimiento. Construimos colegios y universidades y la gente asiste a ellos por su deseo de adquirir conocimiento. El mundo nos presenta oportunidades para aprender y descubrir todo el tiempo. Aprendemos de la experiencia personal. Lo que aprendemos de los libros debe ser traducido a la vida práctica agregando un componente emocional. Una vez que el componente emocional está presente, la información es codificada en nuestra memoria celular y se convierte en permanente. Desde la infancia estamos creando nuevas células cerebrales que nos ayudarán a identificar el conocimiento específico que estamos buscando. Si estamos escuchando música, nuestro cerebro tiene que crear las células cerebrales para alojar la música y que podamos identificar las notas y símbolos que leemos en un libro de partituras. Si estamos aprendiendo matemáticas, ingeniería o una nueva modalidad de sanación, debemos desarrollar células cerebrales que nos ayudarán a identificar lo que estamos aprendiendo. A medida que vamos aprendiendo en la vida, desarrollamos un componente emocional que lo hará permanente.

A menudo doy el siguiente ejemplo en mis clases. Imagina que eres un niño pequeño, de sólo dos o tres años. Ves una vela parpadeante sobre la mesa de centro. La pequeña llama cautiva tus ojos mientras se mueve. Te preguntas qué es y por qué está como bailando para ti. Naturalmente, vas hacia ella y quieres tocarla, pero tu mamá está allí y te dice: «No, no, no la toques. Te vas a quemar». Tú no comprendes lo que significa; entonces, cuando mamá no está viéndote, pones tu dedo en la llama. Ahora sabes lo que ella quiso decir. Te quemaste el dedo y, por supuesto, empiezas a llorar. Mamá te dice: «Te dije que no la tocaras. ¡Te dije que te ibas a quemar!». Ahora tuviste una experiencia directa vinculada con un componente emocional. Ahora puedes identificar una llama como algo que puede lastimarte si la tocas. Has satisfecho tu necesidad de saber.

Una opción que tienes cuando llegas a la recepción akáshica, además de disfrutar de la energía del amor de los Maestros, es obtener información general. Esto puede ser muy valioso en tu vida diaria como un recurso de guía e inspiración. Digamos que tienes una reunión importante o una presentación y quieres brillar con tu mejor luz. Conoces el material que vas a presentar, pero quieres hacerlo lo mejor que puedas. Quieres estar inspirado, tan inspirado que impresiones completamente a la gente que escuchará tu presentación. Quieres que tu campo áurico esté tan lleno de amor que puedan sentirlo. Si expandes tu campo áurico para que sea tan grande como la sala donde estás presentando la información, todo y todos los que estén dentro estarán influidos por cualquier cosa que pongas dentro de este campo áurico. Si lo llenas con miedo, duda, inseguridad e indignidad, eso es exactamente lo que la gente va a sentir por ti. En una situación como ésta, tu aura no será del mismo tamaño de la habitación donde estás haciendo tu presentación; en cambio, probablemente, sólo tendrá unos pocos centímetros más que tu cuerpo físico. Si abres tus registros akáshicos y pides inspiración a los Maestros, podrás expandir conscientemente tu campo áurico, como si estuvieras inflando un globo gigantesco, haciéndolo crecer del tamaño de la sala de reuniones. Serás capaz de brillar. Si quieres mostrar tu mejor luz, puedes llenar tu aura con color fucsia. Puedes usar color rosa para el amor o verde para la sanación. Aprenderemos más acerca del uso de los colores más adelante. Ahora puedes caminar hacia la sala de reuniones sintiéndote fuerte y seguro, sabiendo que los Maestros estarán susurrando en tu oído y el material fluirá, no sólo desde tu mente, también desde tu corazón. El miedo desaparecerá y podrás irradiar tu luz interior respaldada por el más hermoso amor, el amor que se irradia desde los registros akáshicos.

Otra cosa que puedes hacer cuando entras a la biblioteca del Akasha es solicitar información muy específica sobre lo que sea que quieras, porque esta biblioteca contiene todo lo que quisieras aprender. Si eres un sanador y quieres aumentar tu conocimiento o crear un nuevo sistema de sanación que hará brillar tu práctica, entonces puedes consultar a los Maestros específicos que tienen el conocimiento específico de la técnica de curación que practicas. Si eres un músico y quieres inspirarte, puedes pedir a los Maestros que saben sobre tu tipo de música que vengan y te den una tutoría. Si tienes interés en la alquimia, jardinería, el arte o la escritura, pregunta por los Maestros específicos para que te den enseñanzas. Si quieres crear las mezclas más deliciosas de aceites esenciales y quieres saber exactamente qué aceites utilizar y cuántas gotas de cada uno de ellos, entonces simplemente tienes que preguntar por los Maestros con estos conocimientos para que vengan a ti y te muestren cómo hacerlo.

Con los registros akáshicos, tu imaginación es el límite. La pregunta real es: «¿Cuánto puedes imaginarte? ¿Cuánto quieres crecer? ¿Cuánto quieres brillar?». Imagina que los registros akáshicos son tan extensos como el cielo. Imagina que estás en la cima de una de las montañas más altas del mundo y tienes una vista de 360 grados a tu alrededor. Sabes que hay más, mucho más, y tu curiosidad aumenta. Te sientes como un aventurero, un explorador. Te sientes dispuesto a tomar riesgos porque sabes que, si lo haces, aumentarás tu potencial personal. ¡Y sabes que lo mereces! Veo, una y otra vez, que cuando mis estudiantes entienden que pueden pasar de lo general a lo específico, su inspiración se dispara.

Veamos el ejemplo de una de mis estudiantes, Cristina. Cristina vino y tomó conmigo los tres niveles de los registros akáshicos y, finalmente, pudo escuchar lo que yo estaba diciendo sobre lo específico. Recuerda que tenemos audición selectiva y que muchas veces somos incapaces de escuchar ciertos conceptos hasta que se hayan despejado lo suficiente nuestras mentes consciente y subconsciente, y podamos abrir nuestros oídos internos y externos. En todo caso, finalmente, Cristina se dio cuenta de que podía pedir guía a los Maestros que se especializan en las formas de las artes mixtas. Les pidió que le enseñaran y le mostraran cómo llevar su arte a un siguiente nivel, y eso es exactamente lo que sucedió. El arte de Cristina era muy bueno antes; pero después de que comenzó a usar los registros akáshicos, su obra fue excepcional. Comenzó a exhibir su trabajo en galerías de arte y a ganar dinero con él.

Imagina que cada pincel de Cristina, cada pieza de papel rasgado o las máscaras que hizo fueron impregnados del amor de los Maestros y que esta energía irradia de sus piezas. Cuando las personas observan su arte, no sólo ven lo que ella es capaz de producir con su talento, ven también el amor que ella recibe cuando está trabajando. Esa energía se irradiará en el hogar de las personas que compran su arte, así que, indirectamente, los Maestros están trabajando a través de ella para llevar esta energía de amor y paz a los hogares. Tal vez, sólo tal vez, debido a esta energía, los dueños se encontrarán con alguien, y ese alguien podrías ser tú, que les presentará los registros akáshicos, la meditación o la espiritualidad.

Otro estudiante, John, es un músico y compositor que quiso vender su trabajo, pero durante mucho tiempo simplemente no pudo hacerlo en el mercado de la música. Después de todo, hay muchos músicos excepcionales allá fuera. Sólo echa un vistazo al espacio que Internet le ha dado a la música, con sitios como MySpace.com, donde podemos acceder a excelente música de miles de compositores que promocionan su trabajo allí. En todo caso, John comenzó a abrir sus registros akáshicos para escribir su música y, lentamente, su inspiración cambió el estilo de ella. Con esta inspiración, se le abrió el mundo. Ganó varios premios por sus composiciones musicales y ahora hace dinero con su música. No hay nada mejor que ganar dinero haciendo lo que se ama, y como su música alcanza los oídos de otros, ellos pueden sentir la esencia que los registros akáshicos llevaron a cada nota.

Otra forma en la que puedes utilizar los registros akáshicos es para tu sanación personal. Ésta es una herramienta invaluable para explorar tan profundo como quieras en cualquier área de tu vida. ¿Tienes algún problema personal con el que has estado tratando durante mucho tiempo? ¿Hay algún patrón de adicción en tu vida? ¿Hay algún patrón recurrente en tus relaciones personales que has estado tratando de cambiar? ¿Tienes alguna adicción a la comida, el alcohol, el tabaco o a cualquier otra sustancia que has estado tratando de sanar y no lo has logrado? Tal vez has intentado consejería, psicoterapia o hipnosis, pero el patrón de conducta todavía sigue ahí. Los registros akáshicos pueden llevarte a la raíz de la causa, y llegar a la raíz de la causa proporciona los ingredientes para la sanación. Es como si pudieras ir profundo y mirar desde dentro el problema, y luego sacar todas las raíces. Con las raíces removidas, la posibilidad de que el problema vuelva a crecer queda eliminada.

Cuando estamos trabajando en un problema, si no nos tomamos el tiempo necesario para ir tan profundo como podamos, si no recorremos todo el camino hasta llegar a la raíz de la causa para traer el componente emocional de ese problema a la superficie, es como si estuviésemos podando la maleza sin arrancarla de raíz. Podríamos sentirnos bien por un tiempo porque no la vemos más. El peligro es que cuando las condiciones propicias aparecen otra vez en la vida, como el agua y el fertilizante que se agrega a la maleza, sale a la superficie una vez más. Se activa de nuevo, las emocionamos afloran y otra vez el problema o patrón está mirándonos fijamente a los ojos.

Vamos a explorar el arte de preguntar; realmente es un arte. Si abres tus registros akáshicos y preguntas por un sí o un no, tendrás una respuesta de sí o no. Si estás listo para profundizar y sanar patrones de esta vida o de vidas pasadas que han salido a la superficie, es un deber aprender el arte de preguntar. Te llevará a la raíz de la causa de la que he estado hablando. Vamos a formular una pregunta y, cuando respondas, te haré preguntas secundarias. Lo más probable es que puedas crear otras preguntas a partir de las respuestas que recibas de estas subpreguntas. Aquí es donde está la magia. Estas preguntas y respuestas te darán un entendimiento más profundo. Los Maestros siempre te darán una fórmula para seguir, para que puedas alcanzar la sanación y la resolución en lo que sea que estés trabajando.

Hace algunos años, una dama llamada Susan vino a mis clases y terminó los tres niveles. Desafortunadamente, a Susan le diagnosticaron un cáncer de mama nueve meses después. El doctor sugirió quimioterapia. Cuando Susan fue a su primera sesión en el hospital, abrió sus registros akáshicos. Los Maestros comenzaron a hablarle, recordándole que tenía una poderosa herramienta de sanación. Le dijeron que volviera a sus registros y que confiara en la información que le tenían. Ella me contó más tarde que fue como si hubiera recordado cada palabra que dije durante las clases, tuvo una sensación de gran paz y confianza. Ellos le dijeron qué hacer, paso a paso, en una receta muy precisa. Parte de esta receta fue detener por completo la quimioterapia, lo que le causó un poco de pánico, pero luego una sensación de paz interior se apoderó de ella. Atendió las instrucciones que recibió, siguiendo la receta paso a paso, y cuando regresó al médico unos meses más tarde, descubrieron que su cáncer había desaparecido por completo. El punto principal de esta historia no es el del milagro ocurrido, sino que Susan explícitamente confió en lo que recibió. No permitió que un solo gramo de duda o temor entrara en su mente.

Otra mujer llamada Kate vino al primer nivel de mi clase y, durante el círculo de apertura, rompió a llorar. Nos dijo que había estado buscando una herramienta que la ayudara y que había oído sobre los registros akáshicos y mis clases. Resulta que yo iba a ir al norte de California para enseñar el fin de semana, después de que ella se encontró con la información en Internet y que habló con su amiga al respecto. Nos contó que tenía una masa en el pecho izquierdo del tamaño de una pelota de golf. Ella podía palparla y fue médicamente diagnosticada con radiografías y una mamografía. Kate nos dijo que estaba lista para entender el origen de esto, sanarlo y dejarlo ir. Habló con convicción y era hermoso observar y sentir la energía de su certeza.

Al final de la clase, en nuestro círculo de cierre, la miré y comenzó a llorar, pero su llanto fue diferente esta vez. Dijo: «¿Recuerdan lo que mencioné en el círculo de apertura sobre la masa en mi pecho del tamaño de una pelota de golf? Cuando estaba palpando mi pecho esta mañana, como lo hago todos los días, he notado que el tamaño de la masa se ha reducido, ¡al tamaño de un guisante!». Era tan hermoso presenciarlo. Ella vino a sanar. Aprendió una herramienta, la oración sagrada, confió en la información que recibió y, en dos días, encontró la sanación que había estado buscando.

Por supuesto, no todos estamos listos en este momento para abrirnos a este conocimiento. Pero has de saber que el Espíritu y los Maestros son muy pacientes con nosotros y nos dan completa libertad para tomar nuestras decisiones y hacer nuestras elecciones utilizando el regalo más grande que tenemos: nuestro libre albedrío. Ellos pueden esperar una vida más, o dos, si aún no estás listo para una inmersión profunda, para mirar y sanar los patrones que surgen de esta vida o de vidas pasadas.

Ahora que hemos descubierto un poco más sobre lo que los registros pueden hacer por ti, necesitamos explorar cinco planos: el físico, el astral, el causal, el mental y el etérico. Todos estos planos son parte de nuestra experiencia humana y nos movemos de uno a otro interactuando en ellos durante el transcurso de nuestra vida.

Capítulo 3

El plano físico

En la parte inferior del diagrama del Akasha de la página 33, se encuentra el plano físico, el más denso de todos los planos. Aquí es donde podemos tocar y sentir a alguien, donde podemos sostener algo con nuestras manos y donde tenemos necesidades que deben ser satisfechas, como comer y beber. En el chamanismo es llamado el mundo medio, el mundo donde nos desenvolvemos, comemos y respiramos. Éste es el plano donde aprendemos todas nuestras lecciones, la escuela que llamamos Tierra. Éste es el plano de lo visible, por lo que no se necesitan talentos especiales para poder experimentar este mundo. Este mundo es amplio y vasto. La naturaleza y todos sus elementos son parte de él. Es un lugar hermoso de existencia al que venimos a jugar. La cantidad de alegría que obtengamos depende exclusivamente de nosotros. En esta Tierra representamos nuestro karma. Éste es el plano de causa y efecto. Aquí, como das, recibes.

El plano físico es la naturaleza, la Madre Tierra, y está dentro de todos nosotros. Es tan vasta que podemos explorarla durante toda una vida y nunca agotar sus posibilidades y maravillas. Durante el tiempo que estamos aquí, es importante conocerla, interactuar con ella y sentir nuestras raíces profundamente plantadas en ella.

Etimológicamente, la palabra «físico» viene del término griego physis, que originalmente estaba relacionado con el mundo físico en sí, como las plantas, los árboles, los animales, las montañas y los océanos.

El término equivalente a physis en latín es natura; y de natura viene, por supuesto, «naturaleza».

El mundo físico es hermoso y vasto, y tiene un potencial ilimitado para que lo abracemos y conscientemente realicemos nuestras vidas. El Espíritu nos da la oportunidad de volver una encarnación tras otra para cumplir con nuestro destino, para equilibrar nuestro karma, para lograr la iluminación y abrazar nuestra magnificencia. Nuestra naturaleza, nuestro mundo físico, es una pieza de alto valor en el universo. Piénsalo: ¿cuántos planetas conocemos?, ¿cuántas galaxias estamos explorando?, ¿ha encontrado la ciencia un solo planeta allá fuera con las mismas características del nuestro: con oxígeno, árboles, montañas, ríos y animales que viven en la tierra y en los océanos?, ¿se ha encontrado un planeta con un ecosistema que sostenga toda la vida, incluida la de los seres humanos?

Los múltiples regalos de la Pachamama, de Mama Gaia

¿Cómo, entonces, nos identificamos con la naturaleza? Lamentablemente, en la mayoría de los países occidentales no lo hacemos. No tenemos rituales que nos conecten profundamente a la magia y el misterio de la Tierra. Vivimos en ciudades donde el hormigón es el rey, en las cuales, aunque los edificios de vidro y acero apuntan al cielo, a veces es incluso difícil *ver* el cielo. En muchos lugares del mundo, la Madre Tierra no puede respirar. Estamos ahogándola en hormigón y polución. Al hacerlo, nos estamos sofocando a nosotros mismos. ¿Cómo es posible que nos podamos conectar con la naturaleza si está tan alejada de nuestras vidas? Para muchas personas, la belleza de la Tierra es una memoria distante o algo que ocasionalmente se ve en televisión. Es triste que no tengamos rituales para celebrar la belleza y magnificencia de la Tierra.

Muy pocas personas se detienen cada día a pensar que la Tierra está viva, que Pachamama o Mama Gaia está vibrando con vida y sensibilidad. Lo damos por hecho. Por suerte, ella está disponible para nosotros siempre y cuando nos abramos conscientemente para recibirla todos los días. Ésta es la razón por la cual es tan importante que te acerques a la Tierra caminando descalzo sobre ella. Siente el aire, la temperatura y la energía de la Tierra moviéndose a través de tus pies. Cada día debemos expresar nuestra gratitud y honor a esta hermosa Tierra que llamamos hogar. ¿Alguna vez te has permitido dejarte llevar tan profundamente en la naturaleza que te haces uno con ella? ¿Has entrado en una cueva y has sentido que estabas entrando a la matriz de la Tierra? ¿Alguna vez te has sentido tan amplio y fluido como el mismo océano?

Podemos aprender mucho de la naturaleza si simplemente nos conectamos de forma consciente todos los días, si nos detenemos a mirar el movimiento de las hojas al paso del viento, a observar una gota de rocío suspendida unos minutos antes de que caiga, a ver una hormiga subir a su pequeño montículo, a escuchar el canto de un pájaro o a sumergirnos en el agua de un lago. Tenemos que tomarnos el tiempo para caminar sobre la Tierra, que está viva debajo de nuestros pies, beberla e integrarla en todo nuestro cuerpo. Tenemos que tomarnos el tiempo para abrazar un árbol y hablar con las flores, los insectos y las hojas del césped. Tenemos que dialogar con el viento y tomarlo como a un amigo que llevará nuestras oraciones con él hacia la unidad con el cielo. Tenemos que hablar con las montañas y sentarnos en silencio a escucharlas, porque ellas nos responderán. Tenemos que aprender a estar quietos en lugar de ir por la vía rápida. Podemos sentir la deliciosa interconexión de todo dentro de nosotros, sentir el éxtasis de vivir y reconocer que este día que estamos viviendo no regresará. Esto nos invita a expresar nuestra profunda gratitud por el regalo de la Tierra y la vida misma mientras continuamos moviéndonos, creando de forma consciente nuestro futuro.

Conectarnos profundamente con la naturaleza nos conectará profundamente con nosotros mismos. Tú naciste en este planeta no sólo para resolver tu karma, también para disfrutar de esta hermosa pieza principal del patrimonio del universo. Devora a la naturaleza y deja que la naturaleza te consuma a ti. Sé uno con ella y, al hacerlo, volverás a despertar tus raíces ancestrales, y ellas te plantarán muy profundamente en tu experiencia.

Los registros akáshicos son parte de la naturaleza. Puedes ir a cualquier lugar de la naturaleza, ya sean montañas, océanos, ríos o desiertos, para abrir tus registros akáshicos y tener una experiencia extraordinaria de comunión y diálogo. Pachamama tiene mucho que darnos. Ella ha sido custodia de los registros durante siglos, lo ha visto todo durante milenios y te ha visto bastantes veces en el pasado antes de que encontraras esta experiencia de vida. Ve e invita a los espíritus de la naturaleza a que vayan a ti para cuidarte y darte la oportunidad de crear un ritual como en los viejos tiempos, un ritual de iniciación. Si nunca has tenido una experiencia como ésta, ¡créala! Esto te dará un sentimiento de profunda conexión como nunca la has tenido.

Dando a la Tierra desde tu corazón, estarás ayudándola a sanar de todos los abusos que ha sufrido debido a lo que llamamos progreso. Una experiencia como ésta te cambiará. Te sentirás mucho más conectado con la vida y la belleza, la magnificencia y la abundancia que tenemos en este planeta, este hermoso planeta anidado en el universo.

Te puedes estar preguntando qué es un rito de iniciación. En muchas culturas tribales de todo el mundo, un rito de iniciación es un pasaje entre dos etapas de la vida que involucra un trauma psicoespiritual, una experiencia de muerte y renacimiento. Implica tanto una ganancia como una pérdida para el individuo y para la comunidad. El individuo adquiere nuevos derechos y relaciones, pero deja atrás viejas comodidades y el mundo familiar. La comunidad gana a un miembro más maduro, pero sufre una disminución en las apreciadas cualidades que ofrecía el iniciado a la comunidad. Por ejemplo, la comunidad puede estar ganando un niño con más autosuficiencia en edad escolar, pero está perdiendo la inocencia de uno en su infancia temprana; puede estar ganando un sabio anciano, pero la activa creatividad cultural del adulto se desvanece.

Un rito de iniciación no sólo convierte a un niño o adolescente en un adulto. Suministra la energía que el adolescente necesita para doblar la esquina, una esquina en la que él o ella ha llegado después de un largo viaje de desarrollo. Un rito de iniciación no es necesario para que una persona avance de una etapa de desarrollo a la otra. No obstante, a veces puede ser un catalizador significativo y siempre ofrece a la familia y la comunidad la oportunidad para celebrar y marcar la transición formalmente. ¡Date el permiso de disfrutar la vida! Identifícate con la belleza, exuberancia y abundancia que tenemos en este planeta. Siente la esencia fundamental que hace que este lugar gire y gire, el núcleo esencial del amor. Deja que la Madre Tierra te rodee de amor. Tómalo todo y déjalo ir profundo dentro de tu estructura celular, dentro de cada célula, hueso y órgano, dentro de tu sangre y ADN. Conviértete en este amor y luego sal y comparte con otros libremente esta cualidad interior. Reconoce que eres amor ilimitado y que puedes dar tanto como seas capaz de manejarlo, pues puedes retirarte a los registros akáshicos y a la naturaleza para obtener más en cualquier momento.

Deja que esta conexión y abundancia de amor te muestre cómo vivir tu vida. Aprende de la naturaleza, imítala y verás cómo incluso las heridas más graves sanarán en poco tiempo. Mira los desastres naturales como un ejemplo. Vivo al sur de la Florida, por lo que usaré el huracán Andrew como ejemplo. El huracán Andrew fue el segundo huracán más destructivo en la historia de los Estados Unidos. Andrew golpeó el sur de la Florida el 24 de agosto de 1992. No sólo vimos la destrucción de casas y propiedades, también el extenso daño que causó a la naturaleza. Recuerdo estar conduciendo, mirar la devastación y sentir tanto dolor, mientras me preguntaba cómo las cosas podrían volver a crecer para ser tan exquisitas y hermosas como antes. Sabía que los edificios, casas y otras estructuras hechas por el hombre iban a ser reconstruidas, ¿pero qué pasaría con la naturaleza? Nunca había visto algo así. Poco a poco, la fuerza, el poder y la determinación de la naturaleza se recuperaron y, en cuestión de tres años, más o menos, ¡la naturaleza había regresado! De hecho, pareciera que regresó con mayor fuerza y belleza que antes. El sur de la Florida era una vez más un lugar hermoso y exquisito con exuberante naturaleza.

Comparto esto contigo porque todos los huracanes internos y externos con los que lidiamos son parte de la vida. La manera en la que puedas responder a estas dificultades es lo que te separará de la conciencia colectiva de la mentalidad de víctima. En verdad hay tanto que puedes hacer al respecto. Sé como la naturaleza y, después de pasar tus propios huracanes, reconstrúyete con la guía de los Señores del Akasha. Verás que, al igual que el sur de la Florida, serás mucho más fuerte que antes. Siempre digo que puedes ir tan alto como te hayas dado permiso para bajar.

Si eres un roble alto, de 30 metros de altura, y tu sistema de raíces es superficial, la primera vez que los fuertes vientos del cambio te golpeen, te derribarán. Levantar un árbol tan alto es francamente difícil, por no decir imposible. Si tu sistema de raíces es profundo y amplio, cuando lleguen los vientos del cambio estarás bien plantado, serás capaz de mantenerte firme e inamovible. Te volverás como una espiga de trigo que se balancea con el viento, serás flexible en lugar de rígido. Esa flexibilidad te dará la habilidad de manejar el cambio con gracia. Sabrás que tienes el Espíritu de tu lado, guiándote e inspirándote mientras avanzas por la vida. Éstos son los regalos y las lecciones del plano físico, ambos son inestimables.

Capítulo 4

El plano astral

El siguiente nivel es el plano astral. Éste es el plano de las pesadillas, entidades y desencarnados, fantasmas y espíritus que están atrapados y no han podido continuar hacia la luz. Éste no es un lugar bonito para visitar. Si terminas aquí y llevas luz interior contigo pero no eres capaz de sostenerla, serás un objetivo de estas entidades e intentarán quitártela.

No confundamos el plano astral con el cuerpo astral. El cuerpo astral es un cuerpo sutil, equivalente al éter del cuerpo físico. Es el intermediario entre el alma y el cuerpo físico, está compuesto de partículas de energía fina y es la duplicación exacta de energía de la forma física que abarca. Podemos decir que refleja el cuerpo físico. Este cuerpo de energía está unido al cuerpo físico, usualmente en el ombligo, por el cordón de plata. El cuerpo astral y la mente son capaces de viajar juntos durante el período en el que duerme el cuerpo físico. Las personas que son capaces de ver auras pueden ver el cuerpo astral como un aura de colores en espiral.

El cuerpo astral es el vehículo que usamos para viajar en el mundo medio. En el chamanismo existe la creencia de que existen tres mundos distintos. El mundo inferior, o inframundo, es donde viven los espíritus de los animales aliados. El mundo medio es el de nuestra experiencia de la vida cotidiana. Éste es el mundo del que eres consciente mientras lees este libro; si miras a tu alrededor, ves el mundo medio. El tercer mundo es el superior. Éste es el mundo de los guías espirituales y ángeles, que a su vez está debajo del mundo superior-superior, donde se encuentran los Maestros. Entonces, si nos encontramos en una meditación profunda o si nos proyectamos a alguien mientras hacemos sanación a distancia, estamos usando el cuerpo astral para viajar en el mundo superior.

Muchas veces los espíritus o fantasmas atrapados en el plano astral se te manifiestan. Esto puede suceder de muchas maneras. Puedes ver sombras, oír ruidos o pasos, encontrar objetos que se han movido aunque sepas exactamente dónde los dejaste, o ver luces que se apagan y encienden y puertas que se abren y cierran por sí mismas. Puedes tener una fuerte sensación de una presencia en tu casa, incluso puedes percibir un viento frío que pasa. Estas entidades quieren llamar tu atención. En la mayoría de los casos, las personas sienten miedo y no saben qué hacer, entonces huyen y los ignoran, pero esto sólo empeora las cosas. Siempre digo a mis estudiantes que tengan cuidado de los vivos porque pueden hacerles daño, pero los muertos no pueden. Lo único que estas almas perdidas están buscando es tu ayuda. Saben que ahora tienes una herramienta que puede ayudarlos y quieren ser liberados. Quieren ser libres para poder continuar a la luz e ir a las escuelas y templos para procesar su vida anterior.

Déjame darte un ejemplo. Imagina a un hombre de unos treinta y tantos años. Es feliz, ha logrado sus metas, tiene un buen trabajo en el que gana 200 000 dólares al año y su vida es bastante buena. Conoce a la mujer de sus sueños y se casan. Ella es una mujer de negocios y gana 350 000 dólares anuales. Sumando sus ingresos, viven realmente bien. Tienen dos hijos, un niño y una niña, así que ahora tienen la familia perfecta. Disfrutan de una magnífica vivienda (decorada por un profesional, por supuesto) con una verja blanca, una piscina, un perro, un BMW, una minivan Lexus: ¡la vida es buena!

El día del cumpleaños de su hija, deciden hacer un pícnic en el parque. El hombre sale del trabajo y en su camino al parque tiene que tomar un desvío. Termina conduciendo en un vecindario peligroso y, de la nada, ¡bang!, ¡bang! ¡bang! Hay un tiroteo y el hombre recibe un disparo y muere. Antes de que lo sepa, él está viendo su funeral desde arriba, plenamente consciente de que está muerto. Este hombre no estaba listo para morir. Estaba disfrutando el mejor momento de su vida y tenía todo lo que podía desear. Estaba disfrutando de su estancia en la Tierra y, de la nada, termina atrapado en el plano astral. Poco a poco se convierte en un fantasma enojado. Lo único que quiere es volver a lo que amaba y mira continuamente hacia abajo. Afortunadamente para este hombre, su viuda encuentra a alguien como tú, ella descubre la espiritualidad, entiende que todas las señales que recibe vienen de su esposo atrapado en el plano astral y busca ayuda. A través de los registros akáshicos es capaz de liberar el espíritu de su esposo del plano astral y enviarlo hacia su evolución espiritual.

Todos los espíritus atrapados en el plano astral están mirando hacia abajo, al lugar de donde vinieron, el plano físico. Muchas veces, los Maestros y Guías traerán a un ser querido, amigo cercano o pariente tuyo a través de los registros akáshicos; entonces puedes tener un diálogo con su alma, hacer las paces y liberarlo o liberarla a la luz. Más adelante, revisaremos las oraciones que ayudarán a hacer este proceso más fácil.

¿Cómo ayudamos a un fantasma o entidad atrapada en el plano astral? Es relativamente fácil. En primer lugar, tenemos que estar abiertos para sentir, ver, escuchar y permitir que el espíritu se muestre en nuestro campo. Puedes hacer esto con tus registros akáshicos abiertos o cerrados; pero si tienes tus registros akáshicos abiertos, tendrás la protección de los Maestros y Guías. Si por alguna razón no puedes abrir tus registros, asegúrate de tener un escudo de protección muy fuerte a tu alrededor en caso de que la entidad se enoje y quiera atacarte (para saber más sobre los escudos de protección, *véase* el capítulo 15). Si tienes la protección de los Maestros, nada te sucederá porque estarás extremadamente bien protegido. Espero que te tomes el tiempo para abrir tus registros cuando te encuentres en una situación como ésta.

Una vez que estás en la presencia del espíritu o de los espíritus, lo único que tienes que hacer es pedirles que miren hacia arriba. Si lo hacen, verán una luz blanca y, detrás de esa luz, la presencia de familiares que ya han fallecido. También pueden ver la presencia de un santo o sabio de sus creencias religiosas. Si fueran cristianos, verían a Jesús o a la Madre María. Si fueran budistas, podrían ver a Buda, al Señor Maitreya o a Padmasambhava. Si fueran musulmanes, verían a Ibrahim, a

Al-Yasa o a Mahoma. Si miran hacia arriba, a la luz, y sienten la energía acogedora de sus seres queridos, soltarán su amarre en el plano astral. El problema es que muchas veces esa entidad está obstinada y no quiere mirar arriba. Las entidades atrapadas en el plano astral siempre miran hacia abajo, a la Tierra, porque de ahí vienen y tienen un apego a ella. Tal vez tengas que hacer algo que los convenza. Puedes ayudarlos a continuar utilizando una de las oraciones especiales que compartiré más adelante en el capítulo 21.

En este punto, me gustaría comentar algo que se vinculará con cualquier otra información que presento en este libro que trate sobre adicciones, relaciones problemáticas, patrones de interferencia y entidades. Me gustaría presentar esto diciendo que es un trabajo muy profundo, pero como con cualquier trabajo profundo, las recompensas son muchas.

Quizás has estado luchando contra una adicción o un patrón negativo que pareciera te tiene atrapado. El patrón puede ser caer una y otra vez en relaciones abusivas y disfuncionales, sentirse cansado y agotado todo el tiempo u otros problemas que se repiten y que te mantienen en el lado disfuncional de la vida. Si en algún momento de tu infancia o adolescencia te dijiste a ti mismo que no serías como tu madre o tu padre y ahora te ves comportándote como si ellos estuvieran manipulando tu vida, éste es un patrón. Cualquiera de estos patrones pudo haber surgido en el momento de tu concepción.

Si has estado luchando contra el alcoholismo y sabes que tu padre y abuelo fueron alcohólicos o si has estado intentando dejar de fumar cigarrillos y sabes que tus padres y tus abuelos fumaban cigarrillos, probablemente ya tienes una idea muy clara de lo que quiero que entiendas.

Si tu padre estaba ebrio en el momento que tuvo relaciones sexuales con tu madre cuando fuiste concebido, en el acto sexual la entidad del alcohol estaba tan presente que durante su eyaculación entró en el cuerpo de tu madre como si fuera una nube oscura. Como resultado, no sólo su patrón adictivo te fue transferido, también entró en el útero la entidad que está apegada al alcoholismo. Lo sepas o no, has estado rodeado por esa entidad toda tu vida. En otro ejemplo, digamos que tu padre y tu madre fumaban durante la época de tu concepción. Digamos también que tenían en su campo al fantasma de tu abuela, fumadora empedernida, que murió un año antes de que nacieras. Lo más probable es que el fantasma entrara en el útero de tu madre en el momento de la eyaculación de tu padre. Esa entidad ha estado en tu campo desde el momento de tu concepción.

Los siguientes diagramas ilustran el proceso que estoy exponiendo:

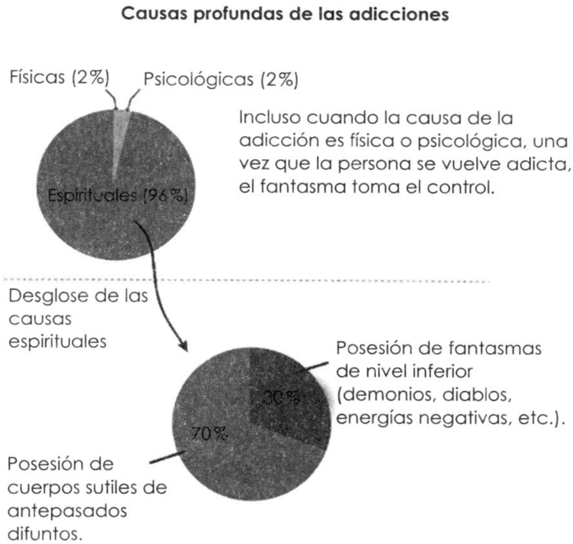

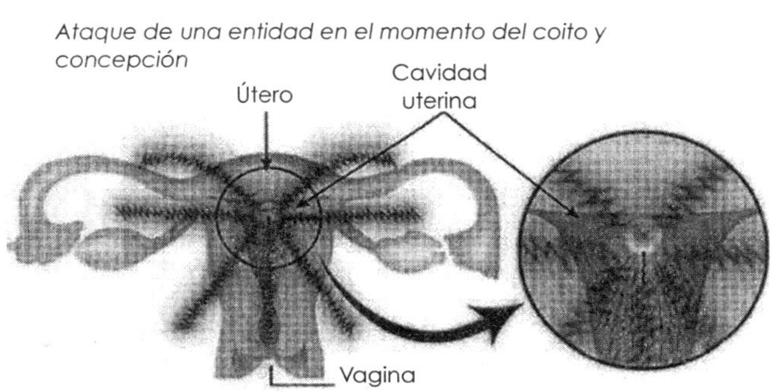

Durante el momento de la relación sexual, el fantasma ingresa sutilmente al cuerpo femenino a través de la vagina e irradia su energía oscura por todo el útero.

Comparación entre relaciones sexuales con y sin interferencia de entidades o fantasmas

a) Normal: sin interferencia
Unión del óvulo y el espermatozoide en ausencia de la energía negativa.

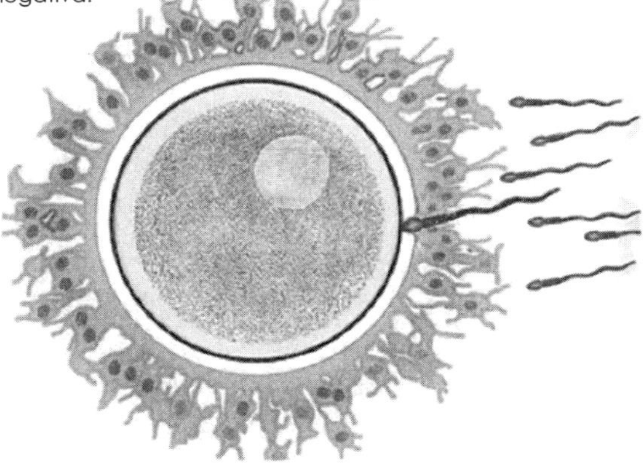

b) Anormal: con interferencia
Los cuerpos sutiles de antepasados fallecidos, entidades o fantasmas crean una capa de energía o velo negro en el momento de la unión del óvulo y el espermatozoide y toman el control.

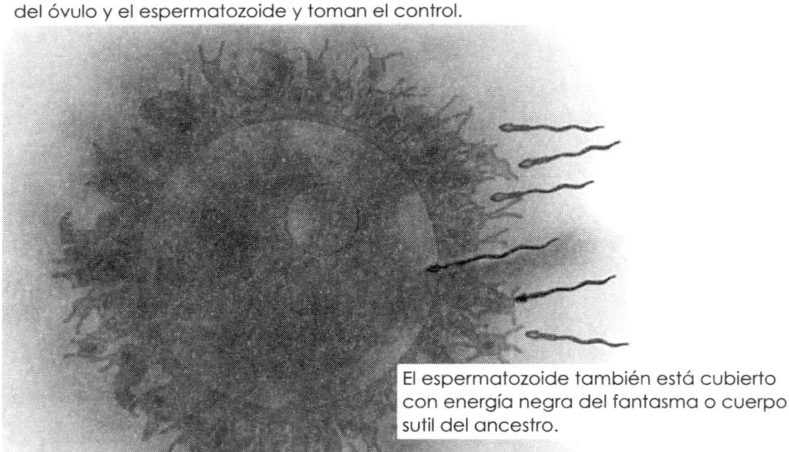

No hay ninguna razón por la que debas preocuparte demasiado por esto. Si nunca habías sido consciente de lo que estoy hablando, ésta es una perfecta y hermosa oportunidad para resolver y sanar este problema. Si entiendes los múltiples hilos que se conectan en estos casos como los tentáculos de un pulpo, podrás identificar claramente varias áreas de tu vida donde un apego como éste te ha estado afectando. ¡Alégrate! Alégrate porque que ya tienes conciencia de eso. Con este libro trabajarás con la amorosa energía de los Señores del Akasha para desconectar, neutralizar y remover la huella en ti y enviar el alma de la entidad de regreso hacia la luz. Sanarás y continuarás viviendo tu vida dedicada a alentar a otros mientras te vuelves más consciente de tu potencial personal. De esta manera, inspirarás al mundo que te rodea y sentirás el logro de tu conexión con los registros akáshicos.

Hablaremos más acerca de adicciones y patrones disfuncionales en el capítulo 8.

Capítulo 5

El plano causal

El plano causal es el plano de las emociones y de la causa y efecto. En este plano es donde se almacenan la mayoría de las emanaciones de energía que generamos. Piensa, si el plano causal es el lugar de las emociones, ¿cuáles son los elementos más fuertes que llevamos a través de la vida y que nos enseñan la mayoría de nuestras lecciones importantes? ¡Las emociones! Cuando aprendemos algo a nivel intelectual, con el tiempo tendemos a olvidarlo. Sin embargo, cuando se añade un componente emocional al proceso de aprendizaje, se crea una huella que durará toda la vida.

¿Qué significa que este plano es el de causa y efecto? Esto se refiere a la ley natural del karma. Hay leyes cósmicas que los humanos tenemos que cumplir; una de éstas es la de causa y efecto. Como das, recibes. La energía que pones es la energía que regresa a ti. Cada causa tiene su efecto, y cada efecto, su causa. Todo pasa según esta ley. La «casualidad» es sólo un nombre para un evento cuya causa aún no ha sido reconocida. Hay muchos planos de causalidad, pero nada escapa a esta ley.

Hay otras leyes de las que no podemos escapar, como la ley de la gravedad. Tal vez puedas aprender a equilibrar tu energía y levitar por un momento, puedes convertirte en David Copperfield, pero la mayor parte del tiempo ¡no puedes evitar la gravedad! Existe también la ley de la vibración, que declara que nada está quieto, que todo está en movimiento permanente. Si observas, reconocerás que esta ley es una constante en este plano terrestre. Nada es estático, desde la célula más pequeña en el cuerpo humano hasta la ola más grande en el océano. Incluso las cosas que vemos estáticas, como piedras o árboles, siempre se están moviendo: los átomos de la piedra y la madera están en constante movimiento para mantener la integridad del todo.

El plano causal es un hermoso lugar donde podemos volvernos conscientes y equilibrar nuestro karma. El karma por definición no es bueno ni malo; más bien son nuestras acciones las que lo determinan. Cuanto más conscientes nos volvemos y más conscientes y despiertos aprendemos a permanecer, en mayor medida cambiará nuestra condición kármica. Entonces podemos comenzar a eliminar las emociones negativas, los juicios, las creencias y el dolor. Podemos darles la vuelta para empezar a acumular mérito positivo. Al hacerlo, vemos que nuestra vida se torna más alegre y la percibimos en colores hermosos y vibrantes. Nos convertimos en uno con la naturaleza, observamos lo que hay dentro de una gota de lluvia y nos damos cuenta de que contiene el océano entero. Podemos llegar a ser tan pequeños como una hormiga para explorar el terreno sobre el que meditamos. Descubrimos nuestra belleza y magnificencia. Empezamos a enamorarnos de nosotros mismos y de la vida misma. Lo más asombroso es que no podemos evitar compartirlo con los demás, pues esta energía tiene que moverse y este movimiento crea acción desde un espacio profundamente sanador.

Limpiar contratos kármicos

Como ya hemos comentado antes, los registros akáshicos pueden ayudarte a entender y sanar cualquier patrón repetitivo o restrictivo que haya surgido por trauma, incluyendo cualquier patrón que no entiendes y que te detiene, incluso si la causa fundamental o raíz es de una vida pasada. Por ejemplo, digamos que has estado lidiando con problemas de dinero o falta de abundancia. Trabajas duro para ganar tu dinero, pero eres incapaz de retenerlo, como si tuvieras los bolsillos rotos o una fuga en tu cuenta bancaria. Esto pudo originarse en una de dos áreas de tu vida. Una es un patrón aprendido en esta vida: puedes haber tenido padres que siempre estuvieron luchando por tener suficiente dinero y que discutían por dinero. En este caso, tu problema tiene que ver con un patrón establecido para ti en esta vida que implica una huella que viene de tus padres.

Sin embargo, si éste no es el caso, tu problema podría venir de una vida anterior. Tal vez eras un monje o una monja e hiciste un voto de pobreza. En una situación como ésta, todas tus necesidades básicas fueron satisfechas por la Iglesia y, en contrapartida, dedicaste tu vida a la devoción, meditación, oración y servicio. Probablemente tuviste trabajos como cuidar el jardín o atender los animales, pero no necesitabas ganar dinero, y si lo obtenías, era entregado a la Iglesia. En esta situación, el voto que hiciste es como un contrato que firmaste en aquella vida; sin embargo, trajiste ese contrato contigo a esta vida. Como ya no eres un monje o una monja, este contrato ya no te sirve. La buena noticia es que todos los contratos que firmamos en una vida no son compras permanentes, sino arrendamientos; entonces eso no te pertenece, a pesar de que lo hayas traído contigo. Con este entendimiento y a través de los registros akáshicos, puedes explorar problemas como éste, que están afectando tu vida y tus relaciones. Estos problemas podrían ser cualquier cosa, desde dolores corporales sin explicación hasta temas kármicos que han causado alguna relación problemática.

Permíteme explicarte lo que quiero decir con que nuestros contratos son arrendamientos y no compras. Todos los contratos que hacemos a nivel espiritual se ejecutan en un ciclo de lo que llamo el reloj cósmico. Los ciclos del reloj cósmico se inician a las 12:01 y finalizan a las 12:00 del siguiente ciclo.

Muchas veces hemos visto cómo nuestras relaciones, sean románticas, de negocios o familiares, llegan a un pico de energía. Sabemos que debemos poner fin a la relación, pero el miedo se cuela y nos sentimos incapaces de hacer algo al respecto. Cuando la energía se acerca a su punto máximo, es como si fueran las 11:55, y tenemos esos cinco minutos para concluir las cosas (aunque en realidad pueden ser cinco días, cinco meses o cinco años). Cuando no lo hacemos debido a nuestro temor y el reloj avanza a las 12:01, llevamos ese problema al próximo ciclo, el cual podría durar seis meses o seis años, dependiendo del patrón que hemos creado. En esos cinco minutos antes del fin del ciclo es cuando el Espíritu nos dice que el contrato está por finalizar y nos pregunta si queremos renovarlo o terminarlo. Con la conciencia de este ciclo, tendrás la oportunidad de explorar problemas como éste a través de los registros y cerrarlos.

Los siete Señores del Karma de la Gran Hermandad Blanca

Una vez que tienes conciencia de un problema que está en tu vida desde una vida anterior, recomiendo que te sientes y escribas una carta a los Señores del Karma. Podrás estar preguntándote, ¿quiénes son esos Señores del Karma? Los Señores del Karma son seres que han encarnado en el planeta Tierra antes y han generado suficiente merito o equilibrio en su karma personal para ganar su ascensión.

Los Señores del Karma pertenecen a una hermandad especial y única llamada la Gran Hermandad Blanca. Dentro de esa hermandad hay un departamento especial que podemos llamar el departamento kármico. Los Maestros Ascendidos que supervisan este departamento son conocidos como los Señores del Karma.

En el gobierno de Estados Unidos, por ejemplo, tenemos un presidente, seguido por el vicepresidente, el secretario de Estado y así sucesivamente. Existen también diferentes departamentos dentro del gobierno, como el de transporte, el de defensa, etc. Puedes ver esta estructura gubernamental como una pirámide con el presidente en la cima y bajo él a todos los demás dentro del gobierno. Hay una estructura muy similar dentro del reino del Espíritu y la dimensión en la que tu alma reside. En la cúspide está el Creador y a su izquierda y derecha están los Señores del Akasha. La mayoría de ellos nunca se han encarnado, por lo que llevan en sí la más grande pureza y amor disponibles. Justo debajo de ellos están los seres de la Gran Hermandad Blanca. En la hermandad hay varios departamentos con diferentes seres a cargo de ellos; uno de estos departamentos es el Consejo Kármico. Los Señores del Karma son seres cósmicos que durante eones han evolucionado hasta el punto en que son perfectamente aptos a través de su conciencia superior para equilibrar su propio karma y arbitrar situaciones kármicas.

Aquí están los nombres de los siete Señores del Karma de la Gran Hermandad Blanca:

Cyclopea. También conocido como el Ojo de Dios que todo lo ve. Sostiene el concepto inmaculado del plan divino de perfección para la evolución de la humanidad.
Gran Director Divino. Trabaja muy de cerca con Saint Germaine y ayudará a limpiar todas las deudas kármicas a través de la absolución de todo lo que no pertenece a la divina verdad superior y al orden de tu Ser, sin importar cuán grande o pequeño sea.
Diosa de la Libertad. Muchos la recuerdan como el ángel femenino que ayuda a las personas a elegir a sus padres y a planear la vida. Ella también mantiene el equilibrio de libertad y liberación para nuestro mundo.
Portia. Ella sostiene el equilibrio entre la misericordia y el juicio. Ayuda a aquellos que quieren equilibrar el corazón y la cabeza. También ayuda a quienes juzgan y critican a los demás desde la mente inferior para que eleven su energía al centro de su corazón, para que puedan ser amorosos con ellos mismos y con los demás.
Quan Yin. Conocida como la Diosa de la Compasión. Ella es la contraparte oriental de la Madre María y trabaja para equilibrar la energía femenina.
Palas Atenea. La diosa de la verdad, la sabiduría, la fuerza, la estrategia, la artesanía y la justicia.
Lady Nada. Ella es la llama gemela de Jesús. Trabaja en la luz de la compasión, gobernando el desarrollo en la humanidad de las cualidades divinas de ayuda, servicio y paz.

En tu carta a los Señores del Karma, debes escribir la fecha y tu nombre completo. Debes describir lo que has recibido a través de los registros akáshicos. Sé específico. Describe la vida en cuestión y, lo más importante, el sentimiento o ímpetu que está detrás del patrón que estás experimentando como consecuencia. Escribe que ahora eres consciente de que este contrato fue hecho antes, que estás en la hora 11:59 de tu reloj cósmico y que no estás dispuesto a firmar el contrato de nuevo. Al hacerlo, estás finalizando el contrato. Una vez terminada la carta, séllala, ponla en un sobre y escribe un título en el sobre, por ejemplo, Terminación del contrato de arrendamiento en relación a mis finanzas. Ponla en tu altar.

Es importante ser consciente del hecho de que cualquier patrón dentro de nosotros, incluso si es negativo, tiene una cierta cantidad de peso en nuestra psique, y la psique no tolera desequilibrios. Por lo tanto, si no reemplazamos con una nueva energía el espacio vacío que se ha creado, existe el peligro de que la sabiduría de la psique empiece a traer de vuelta los mismos patrones para ocupar ese espacio vacío. Esto significa que tenemos que analizar el atributo que queremos que ocupe ese espacio de nuestra psique justo después de dejar ir algo. Esto siempre me recuerda la oración de san Francisco de Asís:

Señor, hazme un instrumento de tu Paz:
donde haya odio, ponga yo amor,
donde haya ofensa, perdón,
donde haya discordia, unidad,
donde haya duda, fe,
donde haya error, verdad,
donde haya desesperación, esperanza,
donde haya tristeza, alegría,
donde haya oscuridad, luz.

Oh, Divino Maestro, concédeme que no busque
ser consolado sino consolar,
ser entendido sino entender,
ser amado sino amar.

Porque dando es como recibimos,
perdonando es como somos perdonados
y muriendo es como nacemos a la vida eterna.

Yo interpreto la última línea de dos formas. La primera, se refiere a la muerte literal y la oportunidad del alma de entrar al espacio del nirvana. También interpreto esto como el aspecto del Ser que debe morir para entrar a lo profundo de la espiritualidad: los aspectos, los patrones, las adicciones y las codependencias que deben morir para que podamos continuar adelante en la dirección de la iluminación espiritual. Pienso que las palabras de san Francisco de Asís resuenan con absoluta verdad en los corazones y las mentes. Son palabras poderosas que pueden ayudarnos a reemplazar algo que dejamos ir por algo de igual peso pero de mucho mayor valor. Nuestra psique no sólo tolerará esta nueva información, también cada célula en nuestro cuerpo se regocijará a medida que continuamos haciendo este trabajo.

Regresando al ejemplo, luego escribes otra carta a los Señores del Karma, siguiendo un formato similar al anterior. Escribe la fecha y tu nombre. Esta vez, dale un título a la carta como Nuevo contrato de arrendamiento de mis finanzas.

Entonces, con la ayuda de los registros akáshicos, escribe lo que quieres y sé específico sobre ello. No escribas solamente que quieres abundancia, porque si has creado un patrón de problemas de abundancia, lo que tendrás es abundancia de problemas. Sé específico. Si es dinero lo que quieres, no temas decir que lo quieres y la cantidad específica. Es importante que seas realista y recuerdes que puedes reescribir este contrato varias veces en tu vida, así que no te alejes de tu potencial personal. Si pides un millón de dólares en uno o dos años y la cantidad está completamente fuera de tu habilidad para crear, estás básicamente cancelando el contrato mientras lo escribes. Por otra parte, si escribes que te gustaría generar 75 000 dólares en dieciocho meses y esto está dentro de tu habilidad para crear, puedes alcanzar tu meta y, entonces, si quisieras, podrás revisar tu contrato de nuevo y ampliarlo.

De alguna manera, no es solamente reescribir tu karma, también se trata de reentrenar tu mente para ver un nuevo potencial. Una vez que finalices los detalles del contrato, escribe la fecha, fírmalo y dale una fecha límite. Esto último es importante porque no querrás llevar un contrato de arrendamiento que estás creando en esta vida a tu próxima vida. Esto limitaría tu potencial personal en tu próxima vida basado en los méritos que acumules en ésta. Una vez que hayas terminado, pon la carta en un sobre, escribe el título en el frente y colócala en tu altar.

Debes quemar el contrato anterior tan pronto como sea posible. Hazlo al aire libre para que el humo pueda ser llevado por los ángeles grabadores y entregado a los Señores del Karma. Lo mejor que puedes hacer es crear una base de salvia blanca, colocar el sobre sobre ella, quemarlo y observar cómo se consume mientras lo dejas ir por completo con la alegría propia de la ocasión.

Después de esto, espera hasta la próxima luna nueva y quema el otro contrato de la misma forma. Cada día, mientras esperas la luna nueva, puedes ver y reconocer el nuevo contrato en tu altar. Al hacerlo, reforzarás lo que está escrito en el contrato. Si quieres, puedes hacer una copia antes de que selles el sobre, así puedes leerlo todos los días. Esto ayudará a dar el mensaje correcto a tu psique y empezarás a entrenar tu mente para la información del nuevo contrato. Simplemente continúa con tu vida sabiendo que tendrás trabajo que hacer para que las cosas pasen, pero serás capaz de ver con facilidad que se producen cambios como resultado de limpiar y finalizar todos los contratos kármicos.

Una palabra sobre el mérito y el karma

En el momento que tomamos la decisión de experimentar la vida como un alma independiente, hay un campo de energía creado para registrar cada pensamiento, palabra, emoción y acción generados por esa experiencia. Con esta conciencia asumimos una gran responsabilidad porque estamos acumulando méritos positivos o no. La acumulación de méritos positivos es lo que hará más fácil el karma y la vida. Esto es lo que, al final de esta vida, determinará el resultado de la próxima, así que queremos aprovechar la oportunidad para ser conscientes de nuestras acciones, asegurándonos de que vienen del corazón, con la esencia del amor y la compasión. Queremos eliminar todos y cada uno de los deseos conscientes e inconscientes de dañar a los demás en cualquier forma, eliminar la crítica, el juicio y el odio de nuestras vidas, y hacer todo lo que podamos en esta vida para dejar una huella positiva en nuestras vidas y en las de los demás.

He mencionado el mérito y el karma. Permíteme explicar la diferencia entre ambos. El karma está conectado directamente a la ley de causa y efecto. Lo que das es lo que recibes. Ésta es una forma sencilla de entenderlo. Tus acciones determinan el tipo de karma que estás creando o generando. Las acciones positivas traen a tu vida resultados positivos. Las acciones negativas traen a tu vida resultados negativos.

El karma es una ley natural, no una ley moral. Cualquier pensamiento o acción causa un efecto y, por lo tanto, puede llamarse karma. El karma no tiene nada que ver con un sistema de castigo o recompensa. Más bien es una ley natural evolucionando hacia el equilibrio como un todo. El karma tiene tres fases importantes. La primera forma de karma (sanchita karma) está en el estado semilla. Este karma está latente y aún no ha comenzado a madurar, es la suma total del karma acumulado en esta vida y en todas las acciones de vidas anteriores. La segunda forma (kriyamana karma) es el karma actual, del día a día, el que está siendo creado por nuestras acciones diarias que pronto se convertirán en semillas. Considera que estas semillas latentes finalmente madurarán y germinarán en un futuro, en esta vida o en la próxima. La tercera forma de karma (prarabdha karma) es el karma que se ha formado a partir de las semillas maduras y ahora está activo en nuestra vida diaria.

Prarabdha karma se deriva del pozo de sanchita karma. Es el fruto maduro generado de las semillas sembradas de acciones pasadas. De las tres formas de karma, la tercera (prarabdha) es con la que funcionamos en nuestra vida diaria; por lo tanto, es de la que somos más conscientes. Este karma se manifiesta en miedos, deseos, alegría, ira, celos, dependencias, aversiones, inseguridades, patrones repetitivos, adicciones y, por supuesto, karma relacionado con la familia. El prarabdha karma está destinado a seguir su curso, pero con conciencia plena el individuo puede reducir el desarrollo de semillas inactivas de karmas que alcanzarán el estado prarabdha. Los karmas sanchita y kriyamana pueden ser equilibrados y gradualmente agotados o eliminados viviendo una vida diligentemente amorosa, fiel, sincera, honesta y devota. También podemos referirnos a ésta como conciencia plena o devoción bhakti, en la cual se busca la unión con la Divinidad.

Nuestra actitud mental está directamente relacionada con la forma en que actuamos en la vida; y es la condición o la esencia de nuestra mente la que imprime patrones kármicos que se transfieren de una vida a la siguiente. Cuando decimos que estamos lidiando con el karma de vidas pasadas, simplemente estamos recreando patrones mentales que crearon la condición original. Cuando somos conscientes de esto, tenemos la oportunidad de eliminar patrones mentales o equilibrar el karma. El karma no tiene un plan positivo o negativo, es simplemente una oportunidad abierta para crear la huella mental que está directamente conectada a nuestras acciones, y estas acciones serán positivas, negativas o neutrales.

En cierto modo, el mérito y el karma son similares o, al menos, están íntimamente relacionados. De una parte, el karma positivo o negativo es transferido de una vida a la siguiente, el prarabdha karma. Podemos decir que el karma son las semillas que plantamos y que tarde o temprano brotarán en algún momento de nuestra existencia, en el tiempo de esta vida o de la siguiente. De otra parte, la palabra mérito puede definirse como 'el estado o cualidad de ser merecedor o digno de, ganado por servicios' (Diccionario Merriam Webster). El mérito es el resultado de acciones positivas generadas en esta vida o en una anterior y no está conectado de ninguna manera a acciones negativas. Es siempre el resultado positivo de las acciones realizadas en la vida. Cuanto más actuamos en la vida con bondad, amor, compasión y generosidad, más mérito acumulamos.

Este mérito es el que tiene todos los ingredientes para llevar nuestra vida al siguiente nivel de potencial personal y también determinará la forma en que será nuestra próxima vida o encarnación. Ten conciencia plena de esto y trabájalo durante tu vida para acumular mérito.

Cuanto más nos sanamos, más dejamos ir nuestros patrones de limitación, adicciones y codependencias y, al hacerlo, abrazamos nuestra belleza y magnificencia. Cuanto más nos conectemos y permitamos que nuestra divinidad aflore, nos volveremos más afectuosos, pacientes, comprensivos, amables y generosos. Dejaremos ir las acciones gobernadas por el ego alterado y serviremos al mundo con más perseverancia y mayor fuerza; y mientras lo hacemos, generamos y acumulamos méritos positivos.

Dicho esto, volvamos a los registros akáshicos. Ser capaz de experimentar la energía de los registros akáshicos es un proceso que cambia la vida. Aprenderás cómo abrir tus propios registros akáshicos con el fin de acceder y explorar tu Ser interior. Este proceso unificará tus cuatro cuerpos inferiores y los alineará. Los cuatro cuerpos inferiores son el mental, emocional, físico y espiritual, y para estar en armonía en la vida debemos tenerlos en equilibrio. Cuando se le da demasiado énfasis a uno, esto crea una desalineación. Supongamos que te centras tanto en tu espiritualidad que descuidas el cuerpo físico. Esta situación puede traer estrés y desalineación a tu cuerpo emocional. Por lo tanto, el cuidado del cuerpo físico y el reconocimiento de las necesidades físicas fortalecerá y equilibrará tu Ser para que puedas hacer tu trabajo espiritual con menos dolor emocional y físico, con menos malestar. ¡Se trata de buscar equilibrio!

Cuando abres tus registros akáshicos con la oración sagrada, te alineas a ti mismo con la vibración de tu propio Libro de la vida. La oración funciona con vibraciones energéticas para ingresar el nombre específico de la persona y lleva consigo la protección de los Maestros y Guías. Para abrir tus registros akáshicos, debes usar tu nombre para crear la vibración o frecuencia correcta. Esto es muy importante. Debes utilizar tus nombres y apellidos, los que están en tu certificado de nacimiento. Si eres mujer y has tomado el apellido de tu esposo, está bien utilizar este nombre siempre y cuando sientas que has integrado la energía de ese nombre en tu vida. Si eres recién casada, hace uno o dos años, y sientes que aún no te has integrado a ese apellido en tu campo energético, tal vez prefieras utilizar tu nombre de soltera. Si has estado casada por más tiempo, pero tu matrimonio no está en armonía y estás considerando separarte o divorciarte, tienes un problema energético con la esencia del apellido que estás usando, entonces podrías querer usar tu nombre de soltera.

Otra situación que podría ocurrir es que estés cambiando tu nombre o un gurú te ha dado un nombre espiritual. Supongamos que tu nombre ha sido Larry Williams y tu nuevo nombre es Jai Ganapati. Si este nuevo nombre no está completamente integrado en todos los aspectos de tu vida, incluyendo tus cuatro cuerpos inferiores: mental, emocional, físico y espiritual, es mejor usar tu nombre de nacimiento. Puedes preguntar cada cierto tiempo a los Maestros si estás listo para abrir tus registros akáshicos con tu nombre espiritual. No fuerces la información con un apego a tu nuevo nombre. Si lo haces, podrías crear un patrón de interferencia. Es muy importante conocer y entender esos patrones. Hablaré sobre esto en el capítulo 11.

Otro aspecto importante sobre este trabajo es llevar un diario. Hablaré sobre llevar un diario más adelante, en el capítulo 22. Aprender a registrar tu experiencia con los registros akáshicos y usar estas habilidades para tu propio crecimiento espiritual será una parte importante de esta experiencia. Llevar un diario crea tu vínculo con tu propia fuente espiritual. Proporciona una manera de comunicarte con esa fuente y crea un registro de tus experiencias. Ésta es la mejor manera de tener información disponible para ti en el futuro, ya que los Maestros te proporcionarán mucha información. Muchas veces esta información será una receta precisa y necesitarás recordar todos los detalles de lo que recibiste para actuar.

Capítulo 6

El plano mental

El plano mental es una espada de dos filos. Necesitamos el plano mental, sin embargo, éste puede ser nuestro mejor aliado o nuestro más grande enemigo. El plano mental tiene la capacidad de llevarnos al pasado, lo que hacemos bastante bien la mayoría de nosotros, pero con muy poca posibilidad de conducirnos verdaderamente al futuro. Nos puede llevar al futuro, pero necesita ser entrenado o irá directamente de regreso a lo que es familiar, a las memorias del pasado. Si podemos llegar al punto de entender verdaderamente la función de nuestra mente, tendremos un tremendo potencial para forjar y cocrear nuestro futuro, pues todas las cosas que son parte de nuestra realidad son concebidas, orquestadas y creadas por la mente.

La mente se define como no física. Es un fenómeno que tiene la capacidad de percibir, reconocer y crear experiencias y de reaccionar a nuestro entorno.

Aquello a lo que la mente está expuesta desde los primeros días de nuestra vida crea una huella. La mente es como una grabadora con múltiples unidades de memoria. Cuando nacemos, se enciende y comienza a grabar. Algo que la mente percibe y registra se reproduce una y otra vez. Esto crea patrones con los que mucha gente pasa lidiando durante el resto de sus vidas. Para muchas personas, la mente es una prisión, una cámara de tortura de la que no pueden escapar. Es por eso por lo que los psiquiatras tienen un negocio próspero. Prescriben drogas que alteran la mente casi por cualquier razón. Si estás deprimido, te formulan Prozac. Es increíble la cantidad de prescripciones médicas que se dan cada año a niños diagnosticados con trastorno por déficit de atención o por hiperactividad. Me parece una solución rápida sedarlos y hacer que se comporten de acuerdo con las normas y reglas de aquellos que prescriben los medicamentos.

La mente posee dos cualidades principales: claridad y conocimiento. Esto significa que la mente puede estar clara e informe para permitir que los objetos se presenten ante ella. También es una conciencia de conocimiento que puede interactuar con los objetos. Debido a esto, la mente tiene el potencial de la autoliberación. Estos dos aspectos de la mente son conceptuales y no conceptuales. Lo conceptual es la mente normal, la mente que utilizamos todos los días para desempeñarnos y sobrevivir en la vida diaria. Es el aspecto de la mente que nos permite recordar qué automóvil es el nuestro y en qué calle vivimos. Nos ayuda a identificar y entender la realidad en la que existimos. La mente no conceptual es la mente pura, la mente que tiene el potencial para la autorrealización y la liberación. Puedes estar preguntándote: «¿Liberación de qué?». Me refiero a la liberación de las trampas que la misma mente crea. El apego y el deseo son velos que nos hacen infelices, nos ponen en una prisión y crean el estado que yo llamo de heridofilia, con el que muchas personas se identifican.

Heridofilia se refiere al estado del yo herido, el «pobre de mí» que actúa como la víctima y siempre necesita compasión. Esta actitud puede verse en una persona que a los diez minutos de conocerte te ha contado toda la historia de su vida y todas las cosas malas que le han sucedido. Tal vez la persona tiene sesenta años y todavía sufre por algo que le sucedió cuando tenía doce y no puede dejarlo ir. El ego sabe que al aferrarse a esa memoria que se repite una y otra vez puede generar un sentimiento de solidaridad y que es mucho más cómodo mostrarse herido que fuerte. Muchas personas se identifican con el sufrimiento y las heridas de otras porque esto las hace sentir como si todas estuvieran en el mismo barco.

Ahora volvamos a la mente del potencial infinito, la mente que es tan vasta como el cielo y puede alcanzar la autoliberación. Imagínate un día claro y hermoso. La temperatura es perfecta, justo como te gusta. Puedes ir a sentarte en la cima de una montaña, donde tienes una vista de 360 grados. Puedes ver el hermoso color azul del cielo. El horizonte llega hasta donde tu vista alcanza y aquí y allá ves nubes que van y vienen. Algunas son pequeñas y delicadas como alas de ángel y otras son grandes y densas. Unas, incluso, son oscuras y borrascosas. Sabes que en algún momento va a venir la tormenta.

El vasto y hermoso cielo es tu mente y todas las nubes son tus pensamientos. Puedes seguir una nube con tus ojos tan lejos como pueda ir, pero finalmente la nube desaparecerá. Si aprendes a entrenar tu mente, puedes permitir que las nubes se desvanezcan suave y lentamente en la inmensidad del cielo. Muchos de nosotros creamos una cadena de nubes, como un tren con cientos de vagones detrás de la locomotora; sin embargo, siempre hay un espacio entre los vagones. Éste es el espacio de la no mente y en él reside el potencial para entender la mente y para la autoliberación. Esta mente no conceptual es como el cielo y su esencia fundamental es pura. Me encanta la afirmación de Sogyal Rimpoché: «Es la naturaleza pura de la mente la que tiene el potencial de darse cuenta del vacío».

Este vacío es el espacio entre los pensamientos, el espacio entre las nubes o entre los vagones del tren. Con entrenamiento, entendimiento y paciencia, el espacio entre los pensamientos será ampliado y, poco a poco, lo llevarán al espacio de la no mente. En el espacio de la no mente puedes hallar paz y refugio. Aquí puedes encontrar los portales a los reinos superiores de autoliberación, entendimiento e iluminación.

A través de los registros akáshicos, podemos tener una gran visión de cómo funciona nuestra mente. Podemos mirar profundamente las docenas de memorias que están resonando en nuestra mente subconsciente. Con esta información, tenemos una opción. ¿Cómo alcanzamos la quietud de la que estoy hablando? La alcanzamos a través de la meditación. Más adelante hablaré sobre tres aspectos muy importantes de los registros akáshicos que llamo visión, meditación y acción.

Capítulo 7

El plano etérico

El plano etérico es parte de la fuerza vital que sostiene la vida de todos los seres vivos. Esta energía está presente en todas las formas de vida y es parte de los procesos naturales del universo. El plano etérico es el más alto en nuestra pirámide antes de que avancemos a los planos más altos, los del Akasha. El plano etérico está lo suficientemente cerca del plano físico para que vayamos allá y encontremos el descanso, la renovación y la sanación. Cuando tenemos que recargarnos, cuando nuestros guías espirituales vienen a ayudarnos o cuando nos sentimos elevados por el Espíritu, éste es el lugar a donde vamos. Muchas de las enseñanzas que recibimos durante el tiempo de sueño o en profunda meditación vienen del plano etérico. Si antes de irte a dormir pides a tus ángeles que te lleven a los templos de la renovación, ellos pueden llevarte a este plano para ser instruido, nutrido y sanado.

El plano etérico es la puerta a una dimensión más alta, el punto de salida de los cuerpos mental, emocional y físico. Es allí donde el séptimo chakra puede abrirse a dimensiones más altas. Es donde encontramos nuestra verdadera conexión con el Espíritu, estimulando la conexión con el octavo chakra y la entrada a dimensiones superiores, como el Akasha. El octavo chakra es la entrada a los reinos transpersonales. Cuando abrimos nuestros registros akáshicos, movemos nuestra energía a nuestro séptimo chakra. A medida que se abre el séptimo chakra, permite que la energía emane del cuerpo y se conecte con el octavo chakra. El octavo chakra recibe la energía y se abre suavemente, estableciendo nuestra conexión con los reinos superiores.

A medida que nuestra energía se sintoniza, es como si nos moviéramos hacia un plano más alto que nuestro cuerpo mientras los Maestros y Guías bajaran. De esta manera, nos encontramos en la membrana que nos separa. Ellos no bajan a nuestro nivel como sí lo hacen los guías espirituales. Los Maestros bajarán tanto como puedan, pero esperan que vayas tan alto como tú puedas para encontrarte con ellos. El octavo chakra es el punto de encuentro. A partir de ahí, la energía, suave como una nube o una niebla, subirá tan alto como lo permitas. Los Maestros te llevarán tan alto como estés dispuesto a ir.

Uno de los aspectos positivos del cuerpo etérico es que tiene suficiente distancia del cuerpo físico, mental y emocional para ser algo autónomo. No obstante, el cuerpo etérico sigue siendo una parte de los cuatro cuerpos inferiores, por lo que puede ser afectado por ellos y ellos afectados por él. El plano etérico es donde la conciencia viene a descansar. Allí tenemos la capacidad de experimentar mayor libertad ante las limitaciones del tiempo y el espacio. El cuerpo etérico realmente puede viajar más allá del tiempo y el espacio.

El plano etérico es donde puedes conocer a otros individuos de energía y vibración similares. Cuando te sientes profundamente conectado con otros, allí es precisamente donde se hace esta conexión. Estoy seguro de que muchos de vosotros podéis identificaros con las siguientes situaciones: «Estaba pensando en mi amiga Sally y, de repente, ella me llamó!» o «Estaba poniendo mi energía en localizar a aquella persona, a quien no había visto en muchos años, ¡y de repente nos encontramos!». ¿A dónde va la energía que permite que esta conexión suceda? Al plano etérico. Si practicas o has recibido reiki, sanación a distancia o cualquier otra forma similar de sanación, el plano etérico es el espacio donde te conectas y la avenida por donde viaja la energía.

Aquí hay otro buen ejemplo del funcionamiento del plano etérico. Digamos que sientes un fuerte deseo de ir a algún lado. Tal vez te enteres de un retiro espiritual, como un curso intensivo de registros akáshicos en Bali o la India, y sientes que éste es un lugar al que quieres ir para profundizar tu conexión con el Akasha. Una vez que lo reconoces y el fuerte deseo nace dentro de ti, es probable que comiences a alimentar el objetivo con la energía necesaria para hacerlo realidad. Esta energía va al plano etérico para que suceda, especialmente si llevas el deseo a tu meditación. Recuerda, la energía fluye a donde va tu atención.

La conciencia crea muchas más experiencias de las que podemos procesar en un día. El plano etérico sirve como un amortiguador para contrarrestar la energía que crea la mente, por lo que debemos estar extremadamente agradecidos con este plano. Tenemos que cuidarlo como a un bebé, enseñándole cómo y dónde vamos a usarlo para nuestro más alto resultado personal.

Capítulo 8

Adicciones y patrones adictivos

A medida que continuamos observando el diagrama del Akasha, vemos dos recuadros pequeños: uno debajo de la línea inferior del triángulo con las letras PI y el otro en la parte superior, por encima del ápice del triángulo, con las letras PS (*véase* diagrama en la página 33). El recuadro que ves en la parte inferior del triángulo con las letras PI representa el piso o planta inferior.

Éste te representa a ti en el nivel más básico, el nivel físico del que surgen todas las oportunidades. Desde aquí comenzamos a movernos en todas las direcciones en el triángulo. Exploramos el plano físico y todo lo que significa estar vivo. Éste es donde satisfacemos todas nuestras necesidades básicas, como comida, bebida, ropa y refugio. Éste es también el plano de samsara. Explicaré el significado de samsara en las siguientes páginas y lo que esto significa en términos de adicciones y el poder que tienen sobre nosotros.

Creo que es importante tomarse un tiempo aquí para explorar las adicciones y patrones adictivos, porque es muy fácil caer en la trampa de la adicción. Los registros akáshicos pueden ser una asombrosa herramienta para explorar nuestra mente y descubrir las causas de la adicción. Una vez que se hace este descubrimiento, los Maestros pueden ayudarte a encontrar la solución.

Primero comprendamos qué es una adicción en términos mundanos. El Manual diagnóstico y estadístico IV (DSM-IV) describe la adicción como un patrón desadaptativo de uso de sustancias que conduce a un deterioro clínicamente significativo o angustia manifestada por tres (o más) de los siguientes aspectos, que ocurren en cualquier momento en un período de doce meses:

- La sustancia a menudo se toma en mayores cantidades o en un período más prolongado de lo previsto.
- Deseo persistente o esfuerzos fallidos por reducir el uso o control de la sustancia.
- Demanda mucho tiempo en actividades necesarias para obtener la sustancia (por ejemplo, visitar varios médicos o conducir largas distancias para comprarla), usar la sustancia (por ejemplo, fumar sin parar) o recuperarse de sus efectos.
- Abandono o reducción de importantes actividades sociales, ocupacionales o recreativas debido al abuso de la sustancia.
- El continuo abuso de la sustancia a pesar del conocimiento de problemas psicológicos o físicos causados o exacerbados por el abuso debido a la persistencia o recurrencia.

La tolerancia se define por:
- la necesidad de cantidades notablemente mayores de la sustancia con el fin de lograr la intoxicación o el efecto deseado,
- o un efecto notablemente disminuido por el uso continuo de la misma cantidad.

La abstinencia se manifiesta por:
- el síndrome de abstinencia característico de la sustancia,
- o tomar la misma sustancia (o una relacionada estrechamente) para aliviar o evitar los síntomas de abstinencia.

Muchas personas consideran que comportamientos adictivos, como las apuestas y el alcoholismo, son enfermedades, pero otras consideran que son comportamientos aprendidos en respuesta a la compleja interacción entre factores hereditarios y ambientales. Otros argumentan a favor de una causa genética. Algunos investigadores señalan que, a diferencia de la mayoría de enfermedades comunes como la tuberculosis, que tiene una causa definida y un modelo de tratamiento definitivo con el que todos están de acuerdo, respecto a los comportamientos adictivos no hay una causa concluyente o un método de tratamiento definitivo en el que todos estén de acuerdo.

Independientemente de la causa de la adicción, tal vez provocada por un comportamiento aprendido a causa de la presión de los compañeros para fumar en círculos de adolescentes, la observación del uso excesivo de alcohol por un padre adicto o la influencia de los abuelos alcohólicos, ahora estás luchando con la adicción tú mismo. Realmente no importa de dónde vino la adicción. Siempre que la lleves con un corazón abierto hasta los pies de los Maestros, al altar de los registros akáshicos, podrás encontrar una solución al problema.

Investigaciones espirituales indican que el 96 % de las causas de las adicciones se deben a fantasmas, entidades, demonios, diablos, energías negativas, etcétera, o a antepasados difuntos. Como mencioné antes, las semillas de la adicción son introducidas en el útero mismo por una entidad, energía o ancestro. Debido a la naturaleza espiritual de la causa de estas adicciones, sólo los remedios espirituales pueden aliviarlas con éxito. Aquí es donde entran los registros akáshicos. En otras palabras, cuando somos conscientes de una situación como ésta y tenemos en cuenta que la energía es muy sutil y puede tardar tiempo en revelarse, la mejor manera de darla a conocer o llevarla a nuestra conciencia es mediante el uso de los registros akáshicos. Esto se debe al diálogo que puede ocurrir con los Maestros para descubrir lo que está tan profundamente oculto y afecta a nuestras vidas adultas.

Hay dos tipos de adicción en la vida, la negativa y la positiva. Una adicción negativa puede ser ejemplificada por un hombre que se convierte en adicto a la heroína, fumador o apostador. Una adicción positiva, por otro lado, puede ocurrir si el hombre se convierte en un corredor, meditador o gran practicante de yoga. La adicción es igual. Si eres un alcohólico, añorarás el alcohol si no bebes y lo extrañarás tremendamente. Lo mismo te pasará si te vuelves positivamente adicto. Si corres todas las mañanas durante una hora, después de un día que no corras te sentirás triste y deprimido, como si algo te hiciera falta. Habrá también un sentimiento de culpabilidad.

Si las personas que están orientadas a la voluntad se vuelven negativamente adictas, su vida se desperdicia; si se vuelven positivamente adictas, son grandes creadoras. La adicción es la misma y la mente es la misma; entonces, si puedes comenzar a trabajar en adicciones positivas, experimentarás enormes beneficios. Por ejemplo, si quieres cultivar una adicción positiva a la meditación, elige una práctica de meditación o una técnica y pon todo tu esfuerzo en ello. El esfuerzo tiene que ser constante. La persistencia y la continuidad son la clave.

Una adicción negativa engañosa puede ocurrir cuando una persona espiritual se vuelve adicta a estar «elevada» espiritualmente, lo cual genera un patrón que crea un ego alterado. Dado que es difícil repetir una experiencia espiritual trascendental, la persona comienza a alimentar la memoria de lo que pasó hablando de ello y creando sentimientos de grandeza, sentimientos de ser «mejor que...». El peligro aquí es que la persona no sólo se perderá la experiencia de la Verdad real, sino que también utilizará la adicción para alimentar su ego alterado. Una experiencia espiritual de naturaleza trascendental es similar a experimentar los efectos de una fuerte droga. Te deja sin palabras y te sientes admirado por lo que sucedió. Tan pronto como tengas una experiencia así, querrás más: querrás poseerla, guardarla y repetirla una y otra vez. El componente intelectual de esta adicción es creer que si tuvieras suficientes experiencias de éstas, te sentirías genial todo el tiempo. Ésa es la mentalidad de un adicto: «Lo tuve y lo he perdido. Lo necesito, pero no lo tengo».

Tipos comunes de adicción:

- Alcohol
- Drogas
- Comida
- Apuestas
- Internet
- Nicotina
- Medicamentos con receta
- Sexo/pornografía
- Compras
- Trabajo
- Gimnasio
- Mensajes de texto

- Teléfono
- Facebook
- Espiritualidad desbordada

Síntomas de adicción:
- Actitudes de resentimiento
- Comportamientos arriesgados
- Agresividad o pasividad
- Altibajos emocionales
- Síntomas físicos (aumento o pérdida de peso debido al uso de alimentos como droga para calmar las crisis)
- Convulsiones o tics nerviosos
- Comportamiento reactivo en lugar de proactivo
- Sentirse permanentemente abrumado
- Ira si no puede revisar el correo electrónico, mensajes de texto, etc.
- No confiar en los propios sentimientos
- No sentirse nunca lo suficientemente bien
- Depresión
- Ansiedad
- Letargo
- Culpabilidad

El ciclo de adicción y codependencia requiere tres grupos principales de personas:
1. Los facilitadores: aquellos que permiten / disculpan / financian / rescatan al adicto.
2. Los perseguidores: aquellos que provocan con el fin de poner al adicto a la defensiva y buscar una manera de salir del dolor.
3. Las víctimas: aquellos que se obsesionan en la excusa de que alguien está abusando de ellos / molestándolos / insultándolos / no reconociendo sus buenas cualidades.

En el ciclo normal de las relaciones adictas, los facilitadores, los perseguidores y las víctimas ocupan todos estos roles en diferentes momentos y en distintos grados. El hecho de que la gente cambie de roles hace muy difícil evaluar cualquier cosa hasta que ocurra una crisis. Si ejercemos un patrón adictivo en nuestras vidas, con suerte podemos reconocerlo y usar los registros akáshicos para encontrar la solución. Muchas veces la persona adicta se sentirá sola, como si no hubiera apoyo alrededor de ella. El amor y apoyo que viene de los Maestros y Guías pueden ayudar mucho. Quizás, el individuo también encontrará un grupo de personas con ideas afines, una sangha, como sistema de apoyo. Sangha es una palabra sánscrita que significa una asociación o asamblea, una compañía o comunidad con un objetivo, visión o propósito en común.

¿Qué es samsara?

En la ideología budista, samsara se refiere al ciclo de nacimiento, sufrimiento, muerte y renacimiento. Samsara también significa flujo continuo. Se refiere directamente a la reencarnación.

Buda enseñó que uno puede superar el apego al samsara y el sufrimiento que se produce al vivir una vida humana. Podemos experimentar en esta vida la liberación de sujeciones y apegos que desarrollamos, así como los que la vida tiene para nosotros. ¿Cómo comenzamos a liberarnos del samsara? La mejor forma es comenzar a entender lo que son estos apegos y cómo nos afectan en casi todas las áreas de la vida. Necesitamos ver cómo estos apegos crean miedo, adicciones y distracciones en la vida.

Los registros akáshicos son una magnífica herramienta para comenzar este proceso de entendimiento. Pueden llevarte a una profunda exploración interna de ti mismo y, al hacerlo, te ayudan a entender cómo el samsara opera en tu vida. Las prácticas conscientes también son herramientas maravillosas para apoyarte mientras continúas trabajando con los registros akáshicos. Prácticas como la meditación y la oración contemplativa pueden ayudar a liberarte de tus apegos y llevarte a un estado de nirvana, de trascendencia del apego.

Mientras más trabajes y desarrolles una relación con los registros akáshicos, así como con otras prácticas conscientes, más experimentarás la fortaleza y el consuelo de estar en la energía de los Maestros y Guías. Estarás lleno de poder interior, alegría y entusiasmo para seguir avanzando en tu camino. Puedes esperar una maravillosa sensación de paz que llega y se apodera de tu vida, y experimentarás que tu corazón se abre al amor cada vez más. Sentirás amor por ti mismo, amor por los demás y amor por la vida misma. Este amor abrirá las puertas a la sabiduría y la compasión. Juntos, amor, sabiduría y compasión, pueden transformar cualquier situación que se presente en la vida.

¿Qué crea este aferrarse, este apego del que estoy hablando? El ego es la fuente de todo aferramiento a sí mismo, egocentrismo y egoísmo. Éstas son la raíz de todo el sufrimiento y todo el endurecimiento del corazón. El ego es un fragmento de la psique que observa el resto de sí mismo desde una distancia psicológica, pero al mismo tiempo infiltrando el todo. Necesitamos el ego para desenvolvernos en la vida, pero necesitamos un ego sano, no un ego alterado. Si no fuera por el ego, no nos preguntaríamos sobre nuestro verdadero lugar en la Tierra. Simplemente lo tomaríamos. Es nuestro ego el que hace las preguntas. Sin ego, tomaríamos nuestro lugar instintivamente, como lo hace todo lo demás.

Nuestro ego nos da la sensación de ser humanos. ¿Qué tiene de bueno ser humano? Es posible que tengamos la capacidad de saber. Saber nos da la capacidad de conocernos a nosotros mismos y la capacidad de enamorarnos de todo, incluyendo los misterios. Si somos los únicos seres que sabemos conscientemente, entonces somos los únicos que podemos admirar el universo como un universo y conocer conscientemente nuestro lugar en él. Sin conciencia de sí mismo, no habría nadie para apreciar el universo y la creación.

Este mundo es el plano donde experimentamos el ser humanos y nuestra conciencia nos hace diferentes en comparación con cualquier otra criatura viviente, porque tenemos la capacidad de saber que existimos, que somos parte del planeta, la vida y el universo. Esta experiencia humana nos da la capacidad de experimentar sentimientos, emociones y amor humano, y ser conscientes de ello. Como humanos, tenemos el conocimiento y la conciencia de saber que tenemos el potencial para convertirnos en lo que queramos ser.

Esto es diferente para un león o una gacela, que sólo tienen el potencial de ser lo que son. Tenemos el potencial para encarnar nuestra magnificencia. No solamente podemos buscar esa magnificencia dentro de nosotros mismos, sino también viajar a través de los océanos con el regalo más maravilloso que hemos recibido del Espíritu: el regalo del libre albedrío. Como humanos, somos los únicos seres que conocemos que sabemos y, si éste es el caso, somos los únicos seres que podemos admirar la belleza y la totalidad de la Tierra y el universo. Podemos decir que este plano es la escuela de la vida. Dependiendo de nuestros méritos kármicos, así como de nuestros deseos internos, exploraremos los otros planos que están en el diagrama del Akasha. Basados en nuestro deseos internos, creamos las condiciones y circunstancias en la vida, fundadas en la ley de la atracción, para estar expuestos al maestro o a las enseñanzas adecuadas.

El recuadro con las letras PS que ves en la parte superior del triángulo del diagrama de Akasha, en la página 33, corresponde al piso o planta superior; el recuadro de abajo con las letras PI es el piso inferior. Veo los dos recuadros, el PI y el PS, como si fueran un ascensor. Entramos al ascensor en la planta baja y salimos, cuando las puertas se abren, en la parte superior, el penthouse.

La oración sagrada es el ascensor y, una vez que ingresas, siempre y cuando no cambies la redacción de la oración, evitarás todos los otros planos y terminarás en la cúspide de la pirámide. Puedes decir que este elevador tiene sólo dos botones, PI y PS, y no se detendrá en ningún otro piso. Una vez que llegues al PS, las puertas se abrirán en la entrada del reino akáshico, la biblioteca del Akasha o la Biblioteca del Congreso del Alma, y los Maestros van a darte la bienvenida. Inmediatamente sentirás un cambio. Podría ser un cambio muy leve o muy fuerte y acogedor, pero, de cualquier forma, no crees expectativas acerca de cómo se siente estar allí o la forma en la que vas a percibir la energía. Simplemente permanece abierto y siente el amor y la compasión que fluyen de los Maestros.

A partir de este punto, podrás ingresar a la biblioteca. Como mencioné antes, puedes elegir simplemente sentarte en la energía y recibir su poder de sanación, entablar una conversación con el Maestro que te reciba o ser muy específico sobre lo que quieres. Dependiendo del tipo de preguntas, el Maestro correcto se aparecerá para guiarte en tu viaje en esta sesión en particular.

Capítulo 9

Relaciones conflictivas

Muchas personas tienen grandes problemas de perdón relacionados con dinámicas kármicas familiares y, algunas veces, cargan con estos problemas hasta el final de sus vidas. Más arriba, hablé sobre seres queridos que vienen a través de los registros akáshicos para encontrar paz con nosotros y así poder continuar con su evolución espiritual. Si la persona que ha muerto tuvo el rol de agresor, es probable que él o ella tenga que regresar a ti a través de los registros akáshicos y hacer las paces contigo. Si eres tú quien está reteniendo la ira o el resentimiento, tienes una maravillosa oportunidad para hacer las paces con esa persona, ya sea que él o ella estén vivos o no. Por supuesto, la mejor oportunidad para hacer esto es mientras la persona está viva.

Podrás ganar una profunda comprensión sobre este tipo de relaciones cuando te des cuenta de que, muchas veces, en el reino espiritual se crea un contrato entre tú y otro individuo. El contrato pudo haber sido para que esa persona fuese tan negativa o desagradable como lo fue y que de esa manera pudieses aprender las lecciones que allí estaban disponibles para ti. En otras palabras, muchas veces este individuo viene a sacrificar una parte de su vida, o toda su vida, ¡por ti! Esto se hace con el amor más puro que cualquiera pueda tener para compartir con otra persona y con esto viene la posibilidad, basada en tu entendimiento y evolución espiritual personal, para liberarte a ti mismo y a esa alma.

Puede ser que tengas un acuerdo con esa alma basado en vidas anteriores juntas y, debido al mérito que habéis ganado en las vidas pasadas, ambos sabéis al nivel del alma que os encontraréis y abrazaréis vuestro dharma, vuestra espiritualidad. Si has estado cerca de los registros akáshicos en el pasado, te encontrarás con los registros akáshicos en esta vida, dándote la oportunidad de comprender y equilibrar el karma entre vosotros dos. Tus acciones y entendimiento pueden liberarte a ti y a la otra alma para que él o ella en su próxima encarnación pueda acercarse a su propio dharma. Piensa en las acciones de esta persona como un testamento de su amor supremo hacia ti. Piensa, también, en el sacrificio del sufrimiento y dolor que el agresor sintió al nivel del alma durante esta vida. Muchas veces, su vida termina y esta alma va a sentarse en el limbo, en el plano astral, esperando a que llegues al entendimiento de esto. Este entendimiento hace llorar y arrodillarse a muchos, en gratitud por el amor supremo que su madre, padre u otro individuo ha tenido con ellos. Esta comprensión me ayudó a sanar mi relación problemática con mi madre y me permitió ver el gran sacrificio que hizo por mí en su vida. Con este entendimiento, he podido liberarla y liberar todos los apegos que creamos en esta vida, para que ella pueda continuar libremente a su próxima vida sin lazos kármicos conmigo. Estoy muy agradecido por esta poderosa y hermosa comprensión.

He mencionado la palabra dharma antes. Permíteme explicarte lo que es. Dharma es la ley natural o el orden de las cosas mientras giran alrededor de tu vida. Es el concepto central en la filosofía india y budista, en el contexto de las obligaciones o deberes personales; también se refiere a la religión o al camino que un individuo elige. El dharma, como se entiende en los textos sagrados, es un orden divinamente instituido de todas las cosas. La felicidad humana, la armonía y la justicia social dependen de lo bien que viva el individuo su vida siguiendo la ley natural del dharma. Se cree que si el individuo sigue y cumple su dharma, procederá más rápidamente hacia la liberación personal.

Muchas veces es esencial escribir una carta a la persona con quien se ha tenido una relación conflictiva. Puedes usar los registros akáshicos para hacer esto, pidiendo a los Maestros y Guías que te orienten sobre lo que es mejor escribir. Escribir una carta es poner un pensamiento en algo más concreto. Cuando expresas algo, quien te escucha interpretará lo que dices a través de sus propios filtros y, según lo cargado que esté en el momento de la conversación, lo que digas puede o no entrar en su campo de entendimiento. Si escribes una carta y redactas tus puntos de manera clara y amable (puedes hacer una lista con viñetas para cada elemento que necesitas expresar), cuando la persona recibe la carta tiene algo que puede leer una y otra vez para comprenderlo. Además, si imprimes la carta con la energía de los registros akáshicos y con la esencia del amor puro y la compasión de tu corazón, esto será lo primero que saldrá cuando abra el sobre. Si la persona a la que necesitas escribir la carta está viva, éste es el momento perfecto para hacerlo. Una vez que fallece, las reglas del juego son completamente diferentes. Si tienes algo que expresar, el momento es ahora.

Asegúrate de no utilizar correos electrónicos o mensajes de texto como medio de comunicación con esta persona. Muéstrale el respeto que merece y escribe la carta a mano y con tinta azul. Esto muestra que has puesto tu corazón, mano y pluma en la acción de escribir la carta. Cuando escribas esta carta, asegúrate de no hacerlo sobre él o ella y, en cambio, concéntrate en ti y en tus sentimientos. Abstente de insultos, palabras ofensivas o referencias innecesarias a los malos momentos que tuvisteis juntos. Si tienes tus registros akáshicos abiertos al escribir la carta, las palabras ofensivas o insultos no serán parte de lo que los Maestros te dan.

A continuación encontrarás una serie de pautas útiles para escribir una carta:

1. Asegúrate de escribir la carta a mano y con tinta azul.
2. Considera cuidadosamente lo que escribes. Usa tus registros akáshicos para guiarte.
3. Evita escribir cuando estás experimentando sentimientos negativos o de ira. Si tienes alguno de estos sentimientos, no escribas la carta. Utiliza primero los registros akáshicos y los puntos de gracia para limpiar la energía. Explicaré los puntos de gracia con detalle más adelante, en el capítulo 21.
4. Sé claro en cuanto a que la relación se terminó. Dale la oportunidad de entender tu punto de vista para que pueda seguir adelante.

5. Escribe la carta sobre tus sentimientos y cómo te ha impactado la relación.
6. Expresa tu gratitud por las lecciones aprendidas. Escribe la carta con amor.
7. Sé positivo sobre tu futuro y el de la otra persona. Utiliza frases como *con gratitud, gracias, mi mejor deseo, muchas bendiciones.*
8. Firma la carta con tu nombre. No cierres la carta escribiendo *con amor* o *tuyo/a.* Los Maestros te guiarán de la mejor manera. Cerrar la carta ya sea *con amor* o *tuyo/a* implica la intención de acercarte a la persona a la que estás escribiendo la carta; es mejor ser neutral, por ejemplo, cierra con *paz* y luego tu nombre o simplemente con tu nombre.

Capítulo 10

El perdón

Durante un momento, me gustaría hablar sobre el perdón. La falta de perdón te detiene, manteniéndote congelado en un recuerdo del pasado. Endurece el corazón y evita que puedas amar y ser amado en su totalidad. La falta de perdón teñirá casi todas las relaciones que tengas y te detendrá en tu progreso espiritual.

Casi todos, en un momento u otro, hemos sido lastimados por palabras o acciones de otra persona. Tal vez tu madre te criticó constantemente, tu pareja te fue infiel o un socio de negocios te traicionó. Estas heridas pueden dejarte con sentimientos duraderos de ira, amargura e incluso venganza. Sin embargo, si no practicas el perdón, te lastimarás continuamente al seguir viviendo en el pasado. Al abrazar el perdón, aceptas la paz, la esperanza, la gratitud y la alegría, y te mueves con facilidad hacia el futuro.

El perdón es la decisión de dejar ir el resentimiento y los pensamientos de venganza. El acto que te hirió u ofendió puede permanecer como un recuerdo de una parte de tu vida, pero la huella energética de esa acción no tiene que permanecer. El perdón puede disminuir o borrar completamente esa huella emocional y creará el espacio para que puedas centrarte en otros aspectos de tu vida. El perdón te conducirá a nuevos sentimientos y emociones y te dará mayor capacidad para comprender y tener compasión por ambos, por quien te lastimó y por ti mismo.

El perdón no significa que niegues la responsabilidad de la otra persona ni excuses sus acciones. No justifica las malas acciones. En el perdón, asumes completamente la responsabilidad de tus propias acciones y reacciones, y le das a la otra persona la oportunidad de hacer lo mismo. Incluso si la otra persona ya no está en esta Tierra, estamos trabajando con energía, por lo que la sanación puede ocurrir con la ayuda de tus registros akáshicos. Puedes perdonar a la persona sin excusar el hecho. El perdón trae la paz que te ayudará a seguir con tu vida.

Una nota personal: hace unos diez años, estaba trabajando en cuestiones del perdón. Estos problemas se remontaban a mi madre e incluían otras relaciones que habían fallado para mí. Estaba explorando el perdón en relación con todas las relaciones femeninas que he tenido. ¡Hablamos de una buena cantidad de trabajo! Trabajando con los registros akáshicos, los Maestros me preguntaron: «De estas relaciones problemáticas, ¿qué has aprendido?». Inmediatamente, mi mente se apresuró a recordar todo lo que he aprendido de cada una de ellas. Luego me pidieron que hiciera una lista de lo que había aprendido. Después de esto, me preguntaron: «¿Cómo te sientes cada vez que aprendes algo que te hace crecer, como hombre y espiritualmente?». De inmediato respondí que me hace sentir bien. Siempre estoy abierto a aprender sobre mí mismo. Lo siguiente que me pidieron fue que identificara una emoción que me hacía sentir bien. Cuando me hicieron esta pregunta, fue como si se abrieran las compuertas que contenían una cascada. Estaba bañado de luz blanca pura, luz líquida que envolvió todo mi cuerpo tan intensamente que casi me desmayo. Perdí la noción del tiempo mientras disfrutaba de la gran sensación de gratitud.

Cuando volví de esta experiencia, los Maestros estaban allí esperando para continuar la conversación. Me preguntaron cómo me sentí y respondí que me sentí claro, libre, vacío y amado. En ese momento, me di cuenta de que la gratitud y el amor son como un hermano y una hermana, y que cuando uno se desarrolla, el otro lo sigue. Los Maestros preguntaron: «Si sientes gratitud y amor por lo que has aprendido, entonces, ¿qué hay que perdonar?». Mi respuesta fue: «Nada». Al caer en ese espacio profundo de gratitud por las lecciones que había aprendido y las transformaciones que habían tenido lugar, el perdón se desvaneció a medida que el amor, la gratitud y la compasión se hicieron cargo. Vi que, para mí, emergió una mayor capacidad de amar y vivir una vida de libertad. Sigo trabajando con gratitud mientras avanzo hacia mi futuro.

Éstos son algunos beneficios del perdón:

- Relaciones más sanas y felices.
- Mayor bienestar espiritual y psicológico.
- Menos estrés, hostilidad e ira.
- Regulación de la presión sanguínea.
- Disminución de los síntomas de depresión, ansiedad y dolor crónico.
- Menor riesgo de abuso de alcohol y otras sustancias.
- Incremento de la fuerza física.
- Fortalecimiento del sistema inmunológico.
- Mejor digestión.
- Alivio del autosabotaje.
- Un estado de mayor amabilidad y tolerancia.
- Paz mental.

Capítulo 11

Piezas fragmentadas del alma

Continuemos explorando lo que está arriba de la pirámide en el diagrama del Akasha de la página 33. Lo que vemos son pequeños círculos conectados con un hilo ondulado. Estos círculos representan piezas fragmentadas de tu alma. Todos tenemos fragmentación del alma. Cuando experimentamos un trauma, una porción del alma a menudo se desconecta para que podamos hacer frente a la situación. Hay innumerables formas en las cuales la fragmentación del alma tiene lugar: furia, dolor, un accidente, un susto, fuertes peleas, perder la percepción del yo debido a una lesión, cirugías, etc.

Aquí hay un ejemplo. Imagina que eres un niño de seis años y estás en casa jugando con tu juguete favorito. Mamá viene y te dice que tienes que ir al supermercado con ella, pero estás tan inmerso en el juego que no quieres ir. Mamá te dice que no tienes otra opción, no puedes quedarte en casa solo. Tomas tu juguete favorito para llevarlo contigo, pero mamá dice que no puedes llevarlo porque te distrae y que sólo tardaréis un rato. Llevas un juguete más pequeño y sigues jugando. Mamá aparca y ahora estás cruzando la calle, cogido de su mano y jugando al mismo tiempo. Accidentalmente dejas caer tu juguete. Entonces, sueltas la mano de mamá y das un paso atrás para recogerlo. De la nada, un gran camión viene muy rápido por la calle y, antes de que puedas hacer algo, escuchas la fuerte bocina del camión, miras hacia arriba y ves el camión, ¡a sólo diez metros de distancia!

En ese preciso momento, el enorme camión se acerca y sabes que éste podría ser el fin de tu vida. No importa que seas un niño pequeño, todos tenemos un mecanismo integrado que nos dice ¡peligro!, ¡cuidado! Cuando ves venir el camión hacia ti, experimentas miedo, un gran ahhhh surge de tu estómago y corazón, y te sientes paralizado y congelado. Mientras esto sucede, para hacer frente al peligro inminente, una pieza de tu alma se desconectará.

Mamá se percata de la situación y actúa como una supermamá, como las madres reaccionan en situaciones similares a ésta. Ella extiende la mano y te agarra; y mientras te empuja a un lugar seguro, estiras tu mano y coges tu juguete. Tu corazón late como si estuviera a punto de salirse. Pero esto no es todo. Ahora tu mamá te regaña porque te dijo que no trajeras el juguete y tú desobedeciste. Terminas con dos traumas, uno por ser casi atropellado por el camión y el otro por el severo regaño y la posibilidad que nos den de nalgadas. Este ejemplo muestra cómo la fragmentación del alma ocurre inconscientemente.

Déjame darte otro ejemplo. Ahora imagina que eres un joven adolescente y estás muy enamorado. Ésta es la primera vez que te enamoras y la persona con la que estás representa el mundo para ti. ¿Recuerdas cómo se siente eso? Es como si te consumiera ese mundo de amor y fantasía, un primer amor muy fuerte y apasionado. Las cosas cambian, comienzan a deteriorarse y, antes de que lo notes, estás constantemente peleando y discutiendo. La gota que derrama el vaso es una gran discusión que te lleva a la ira. En esa experiencia de ira, pierdes el control por completo y, cuando lo haces, un fragmento de tu alma se desconecta para que puedas afrontarlo.

Aquí hay otro ejemplo para ti. Ahora tienes más de cuarenta años y acabas de salir de una gran fiesta donde pasaste un rato fantástico. Vas de regreso a casa y está lloviendo bastante fuerte, así que conduces con tanto cuidado como puedes. Sin embargo, está oscuro y mojado y tu visión no es tan buena. Conduces por una carretera de doble carril y, al entrar a una curva, ves los faros de un automóvil que se aproxima. Este vehículo ha perdido el control y ¡se dirige hacia ti! Reaccionas tan rápido como puedes, pisas el freno y tu coche gira fuera de control. En este momento temes por tu vida. Ves que, en una fracción de segundo, podrías sufrir un accidente grave. Mientras todo esto sucede, experimentas una desconexión del alma y esto es lo que te ayuda a afrontarlo. Afortunadamente, tus guías espirituales y ángeles están allí a tu lado y se evita el accidente. Detienes tu automóvil y descansas, pero tu corazón casi se te sale del pecho.

Si en ese preciso momento no reconoces plenamente que tuviste una fragmentación del alma, una parte de ella se desconectará y en algún momento, en el futuro, tendrás que recuperar tu alma para traerla de vuelta. Si reconoces que un fragmento de tu alma se desconectó, entonces, en ese preciso momento, puedes llamarlo. Es como si esa pieza de tu alma fuera un globo conectado a ti por el cordón de plata. En ese momento, todavía estás sosteniendo el extremo del cordón, por lo que es relativamente fácil tirar de nuevo antes de que continúe desconectándose de ti.

Cualquiera de los tres ejemplos puede suceder a cualquier edad en tu vida y una serie de situaciones diferentes también puede desconectarte de tu alma. El dolor severo es una de las mayores causas; perder a alguien a quien amas mucho puede llevarte a una situación similar. Perder el control de tú mente, por una variedad de razones, también puede ocasionar una desconexión del alma. Si en algún momento de tu vida has usado drogas psicodélicas y has tenido un mal viaje, puedes estar seguro de tener una desconexión del alma. Beber alcohol hasta el punto de perder completamente el control y encontrarte a ti mismo preguntándote al día siguiente qué pasó puede ser otra situación de desconexión del alma.

Entendamos ahora el yo rechazado, la parte del ser que se fragmenta durante la infancia. No está tanto en conexión directa a un trauma severo como el yo fragmentado. Sin embargo, proviene de la dinámica familiar cercana que experimentamos mientras vivimos en casa.

El yo rechazado es parte del niño místico, el niño rebelde, el niño intuitivo y el niño aventurero. El niño místico es la parte de ti que desde muy temprana edad vio y habló con los ángeles, guías espirituales y amigos invisibles. Compartiste esta experiencia con tus padres y abuelos: al principio fue considerado tierno, pero a medida que creciste te dijeron que dejaras de jugar y tener conversaciones tontas con amigos imaginarios. Poco a poco aceptaste lo que tus padres te dijeron y cortaste la comunicación.

El niño rebelde es inocente y le gusta meterse en problemas (personalmente es uno de mis favoritos). A este niño le encanta hacer travesuras, pensando que nunca va a ser pillado. Has acertado bien si has pensado que fue atrapado, se metió en problemas y fue castigado. En mi caso, mis padres me amenazaban diciéndome: «Si no paras tus travesuras, te vamos a enviar a la escuela militar». ¡Wow! Eso fue una gran amenaza para mí. En lugar de eso, me enviaron a un internado donde me metí en muchos más problemas.

En el caso de las mujeres, la niña rebelde podría ser una que jugó con niños y trepó a los árboles mientras llevaba un vestido. Su madre lo notó y la regañó: «Eres una señorita y no deberías trepar a los árboles, especialmente con vestido». O se sentó con las piernas abiertas y su mamá le dijo: «Las mujeres no se sientan así. Tienes que sentarte como una señorita. Mejor ve a casa, aprende a cocinar y compórtate como una señorita para que puedas casarte con un médico».

El niño intuitivo es la parte de ti que tuvo un sentido de la intuición muy desarrollado. Fue la parte que supo lo que iba a pasar antes de que sucediera. Al principio, esto pasó desapercibido, pero con el tiempo realmente asustó a tus padres y comenzaron a sentir inseguridad con tu intuición. Entonces te convencieron de dejarla y no confiar en ella. Es posible que te hayan dicho que era una tontería similar a escuchar las voces de tus amigos imaginarios.

El yo aventurero es al que le encantaba ir a todas partes, creando su propia aventura, sintiendo la emoción del riesgo y amándola. ¿Alguna vez saliste de casa, aunque tus padres te dijeron que no lo hicieras? ¿Fuiste con tus amigos a algún lugar donde se suponía que no deberías, pensando que no ibas a ser descubierto? Sin embargo, tus padres se enteraron y no quisieron que lo hicieras más, y entonces te castigaron.

En otras palabras, cualquier cosa que hayas hecho durante tu infancia que no fue apoyada por tus padres o tu familia y que te metió en problemas, en ocasiones una y otra vez, contribuyó a tu yo rechazado. Este yo rechazado ha estado esperando que lo integres a tu vida. A través de los registros akáshicos, puedes explorar estos problemas y ver cómo salen a la superficie como un patrón de interferencia. En realidad, tienes una maravillosa oportunidad para recuperar e integrar estos fragmentos del Ser. Este trabajo es similar al trabajo del niño interior que muchos de vosotros podéis haber hecho. Lo más importante de este trabajo es que una vez que esa pieza del niño está integrada, ¡debes darle vida! Lo que sea que esa pieza integrada te pida hacer, hazlo. Regresas a la inocencia de la infancia.

Hay muchos aspectos de los registros akáshicos que lo convierten en una poderosa herramienta para aprender sobre uno mismo. Cuanto más sepas sobre ti mismo, podrás servir más a los demás, tener relaciones más felices y saludables, y tu experiencia de vida será mejor. Muchas personas están tan desesperadas por saber sobre ellas mismas que le dan su poder personal a los demás o a objetos de augurio. No hay absolutamente nada de malo en consultar de vez en cuando a un astrólogo, lector del tarot o psíquico, pero cuando esto se convierte en una muleta y un individuo no puede ejercer su libre albedrío, entonces se convierte en un problema. Ésta es una forma de fuga de energía que, de otro modo, puede usarse para algo creativo y mágico.

Querer conocernos a nosotros mismos no es nada nuevo. De hecho, Conócete a ti mismo estaba inscrito en las paredes del templo de Apolo en Delfos, en la antigua Grecia, y se cree que Sócrates fue uno de los primeros en afirmar que conocerse a sí mismo era una regla de vida. Hay tres maneras con las que los registros akáshicos pueden ayudarnos a mirar profundamente para conocernos a nosotros mismos. Las llamo visión, meditación y acción. Estos tres elementos son absolutamente esenciales cuando comenzamos a establecer una relación con los registros akáshicos, y practicarlos puede ofrecernos un entendimiento directo acerca de cómo crear acción en nuestras vidas.

Nuestra dinámica cultural nos ha programado para reaccionar, por lo que nos convertimos en reactivos en lugar de activos, en vez de tomar medidas en nuestras vidas. Reaccionamos a todo y muchas veces las reacciones provocan un resultado adverso al deseado. ¡Reaccionamos a lo que otras personas dicen, a la forma como otras personas conducen, visten o comen, a sus modales y personalidades, al dolor, al estrés, a la vida! Creo firmemente que el 10 % de la vida es lo que nos sucede y el 90 % es la forma en que reaccionamos a la vida misma. Nuestra actitud y la forma en que reaccionamos es lo que moldea nuestra forma de ser. Todo esto está conectado a un sistema de creencias. Muchas veces ese sistema de creencias es erróneo y se nos transmite de generación en generación. En muchos sentidos, está apegado a nuestra genealogía, y ésta es una hermosa área de exploración dentro de los registros akáshicos.

Dicho esto, también afirmo que para mí la actitud es más importante que los hechos. Es más importante que el pasado, que la educación, que las circunstancias, que el fracaso, que el éxito y que lo que otras personas piensan, dicen o hacen. La actitud es más importante que la apariencia, el talento o la habilidad. Puede hacer o deshacer una organización, una compañía, una amistad o un hogar. Lo que se destaca aquí es que tenemos una elección todos los días con respecto a la actitud que adoptaremos para cada día. No podemos cambiar nuestro pasado o el hecho de que las personas actuaran de cierta forma. No podemos cambiar las circunstancias y condiciones que se nos presentan en la vida, las cartas que ya fueron repartidas, pero tenemos el control completo de nuestra actitud y nuestras reacciones a lo que se nos presenta. Por esta razón digo que la vida es 10 % lo que sucede y 90 % cómo reacciono a eso. Es lo mismo para ti: estás a cargo de tu actitud. La información presentada aquí, con la ayuda de los Maestros y Guías, te proporcionará una maravillosa manera de cambiar tu actitud y reacciones, y te llevará a la acción en lugar de a la reacción.

Como mencioné anteriormente, hay tres aspectos de los registros akáshicos que pueden usarse dentro o fuera de los registros akáshicos para reflexionar sobre la información que recibes. La reflexión sobre estos tres aspectos puedes integrarla en tu vida para que incorpores plenamente la información que recibes. En otras palabras, esto es parte del proceso de integración y muchas veces el proceso puede durar toda la vida. Cuando digo dentro de los registros akáshicos, me refiero a estar sentado con tus registros abiertos. Éste puede ser un proceso de quince minutos o de una hora, donde estás en comunicación con los Maestros y recibiendo de ellos. Fuera de los registros, te sientas para digerir la información y permitir que el proceso suceda, igual que lo hacemos después de una fantástica comida: descansamos, asimilamos y digerimos.

A estos tres aspectos los llamo visión, meditación y acción. Los revisaré en los próximos tres capítulos. Explicaré cada uno para que entiendas mejor de lo que estoy hablando. Estoy seguro de que sólo leyendo sobre los tres aspectos, comenzarás a sentir cómo pueden integrarse a tu vida.

Patrones de interferencia

Los patrones de interferencia es uno de los temas más importantes de este libro y tal vez el más crítico para entender la forma de acceder efectivamente a los registros akáshicos. Puedo garantizar que, cuando abras tus registros akáshicos, te encontrarás con un patrón de interferencia en más de una ocasión. Habrá momentos en que pareciera que no hay respuesta de los Guardianes de los registros, a pesar de que hagas todo bien, incluyendo la reformulación de la pregunta y la solicitud de claridad. Ser consciente de esto es muy importante. No deberías intentar forzar que fluya una respuesta, sino prestar mucha atención y formular la pregunta apropiada para ganar claridad. Muchas veces los patrones de interferencia surgen como una oportunidad para ser conscientes del patrón en sí mismo, reconocer qué hay detrás del patrón y cuál es la causa de que suceda, ésa es una información preciosa.

Hay diferentes formas de abordar estos patrones. Primero, tenemos que saber si lo que estamos experimentando es un patrón interno o un patrón externo. Si es un patrón externo, es relativamente fácil de corregir. Si la experiencia es un patrón interno, brinda la oportunidad de mirar de cerca y formular las preguntas apropiadas para poder verlo y resolverlo. En este punto, es posible usar una de las otras oraciones para ver si ayuda a suprimir el patrón. Estas oraciones incluyen una oración de perdón, una oración para poder liberar influencias externas, una oración por los seres queridos y entidades, y una oración para la limpieza personal. Puedes encontrar estas oraciones en el capítulo 19, donde se tratan en detalle.

Cuando abras tus registros akáshicos, primero verifica si los abriste correctamente. Abrirlos correctamente significa que de verdad estabas presente cuando leíste la oración sagrada, no pensando sobre la cena, tu novio o alguna otra distracción. Si estás seguro de que practicaste la fórmula AAA, estuviste centrado en el corazón y presente durante la lectura de la oración, puedes preguntar: «¿Estoy experimentando un patrón de interferencia? Sí o No». Ésta es una pregunta muy directa que permitirá a los Maestros darte una respuesta simple de sí o no. Si la respuesta es sí, entonces pregunta: «¿Éste es un patrón interno o externo?», y confía en la respuesta que recibes. Explicaré la fórmula AAA en detalle en la página 168.

Si recibes la respuesta de que se trata de un patrón externo, cierra tus registros akáshicos y presta atención a tu entorno. ¿El perro del vecino está ladrando, los niños están jugando afuera y están gritando o alguien en tu casa está golpeando ollas y sartenes en la cocina? ¿Hay grandes torres eléctricas cerca emanando radiación electromagnética? Todos éstos pueden ser la causa de un patrón externo de interferencia y son relativamente fáciles de corregir. Simplemente espera hasta que el ruido desaparezca o cambies de ubicación. Una vez que veas que el entorno que te rodea está en calma, puedes centrarte en ti mismo y abrir tus registros de nuevo.

Si la respuesta a tu pregunta es que éste es un patrón interno de interferencia, es posible que desees preguntar si el patrón tiene algo que ver con el yo fragmentado o el yo rechazado. Si obtienes un sí por respuesta, entonces pregunta cuál. A partir de este punto, puedes usar los registros akáshicos para comenzar a explorar el niño interno y todos sus intrincados componentes.

Capítulo 12

La visión

Cuando abrimos nuestros registros akáshicos, encontramos la posibilidad de acceder a la *visión*. La visión se refiere a la capacidad para ver la realidad de las cosas tal y como son en nuestras vidas. Aquí comprendemos el estado pleno de nuestra mente y sabemos que todas las distracciones son juegos que hemos permitido que juegue la mente. Aquí aprendemos la verdadera naturaleza de nuestra mente porque entramos en un espacio donde no hay juicio ni crítica. Entramos en el espacio de la compasión y el amor, un amor tan grande que puede diluir dolores y tristezas del pasado.

Cuando aprendemos a usar los registros akáshicos para ejercitar la visión, podemos comprender la realidad desnuda y tomar consciencia de todo lo que está contenido dentro de nosotros, la percepción sensorial y la existencia fenomenal. Podemos ver claramente la diferencia entre samsara y nirvana. En samsara estamos completamente llenos, pero en nirvana podemos experimentar un exquisito vacío del cual viene el potencial de ser, hacer y tener todo en nuestras vidas. Este delicioso vacío nos lleva a la máxima realización de la paz, una paz tan profunda que podemos descansar en nuestra forma natural de ser. Finalmente, nos damos cuenta de que podemos traer este vacío y paz a samsara, a la vida, y continuar viviendo en este mundo siendo en el mundo pero no del mundo. Podemos tener un objetivo para nuestras vidas que es mucho más grande que nosotros mismos. Todos los días nos hacemos la pregunta: ¿Qué puedo hacer para tener un impacto positivo en la vida de los demás?

Al mismo tiempo, experimentamos la plena comprensión de que la visión es la manera perfecta de aprender, de ser compasivos y amorosos y de darnos todo lo que necesitamos para estar cómodos en este viaje llamado vida. La visión puede ayudarnos a mantener el ser, hacer y tener en el orden correcto. Puedes ser la persona que siempre quisiste ser, hacer lo que es más importante para ti en la vida y tener todo lo que deseas, libre de las ataduras del ego y la manipulación. Desde este espacio puedes compartir toda la esencia de lo que eres con otros. La sociedad en la que vivimos cree que tener es más importante que hacer, que debemos tener para poder hacer, y como resultado de tener y hacer podemos ser. Entonces vamos en el orden de tener, hacer y ser, y esto no podría estar más equivocado. Si has caído en esta trampa, es un buen momento para ejercitar la visión y ver que en realidad es al revés: ser, hacer y tener. Si cambias tu forma de pensar, cambias tu realidad. ¡Y si cambias tu realidad, cambias tu vida!

La mejor forma de influir en la vida de forma positiva, amorosa y constructiva es tener una visión muy clara de nuestra vida, nuestro camino y la forma en que lo vivimos. Tenemos que preguntarnos: ¿Qué estoy haciendo cada día conscientemente para mejorarme a mí mismo, para sanar, para dejar ir el pasado, para mirar mi vida como un observador y ver el drama en el que estoy envuelto? El drama de nuestras vidas comienza a muy temprana edad y se origina con nuestra dinámica familiar. Creemos en este drama y, a medida que crecemos, el drama continúa desarrollándose. Comenzamos a responder de manera automática a la familia, las amistades, la escuela y las presiones sociales. Aprendemos que tenemos que conformarnos con la opinión de los demás, que para ser aceptados por nuestros compañeros debemos ser como ellos. Aprendemos que debemos adaptarnos para pertenecer.

Muchas veces, si tenemos la chispa de la espiritualidad dentro de nosotros, comenzamos a sentirnos incómodos. Empezamos a mirar alrededor y nos damos cuenta de que no pertenecemos a los grupos en los que nos desenvolvemos. A veces, incluso, reconocemos que no pertenecemos a la familia en la que hemos elegido nacer. Esta autocomprensión es parte de la visión. A medida que progresamos y crecemos, seguimos sintiéndonos incómodos tratando de encajar en el materialismo y el consumismo de nuestra sociedad. Sabemos que hay algo más grande. Continuamos buscando y, a medida que entramos al mundo espiritual, comenzamos a aprender que no pertenecemos a los valores que hemos aceptado en el pasado.

Para muchas personas, esto trae una sensación de alivio y comienzan a crear condiciones y circunstancias en la vida que respaldan su crecimiento y cambio. Al mismo tiempo, a menudo, hay un sentido de lucha cuando comenzamos a cambiar y a distanciarnos de familiares y amigos. Las personas que te conocen tal vez no quieran que cambies. Es posible que quieran que sigas participando de sus hábitos inconscientes. Pelearán contigo, intentarán convencerte y tratarán de sobornarte para que sigas siendo parte de su club. En el momento en que empieces a cambiar debido a tu nueva forma de ser o a tus nuevos valores espirituales, empezarás a no ser de su agrado.

La buena noticia es que si la separación no es radical y si ellos no están completamente fuera de tu vida, te verán cambiar en forma positiva. Verán que ya no estás tan herido y necesitado, que has crecido fuerte y que manifiestas un mejor estilo de vida. Verán que te vuelves más empoderado y seguro, más exitoso y libre de adicciones, más amoroso y feliz, que estás en paz. A medida que observen este cambio positivo, querrán saber qué te pasó, qué estás haciendo para crear este nuevo tú. De hecho, estás creando un nuevo tú al tener la posibilidad de ver tu vida claramente a través de la visión, seguida por la meditación y la acción. No te sorprendas si quienes te juzgaron y criticaron porque dejaste su círculo comienzan a pedirte consejo. Puedes convertirte en el orientador de su camino, quien les da una mano al inicio de sus propios procesos de autotransformación.

Los registros akáshicos te darán la capacidad de mirar claramente tu vida y observar las condiciones y circunstancias que has creado. Personalmente, veo lo que te he estado describiendo como una obra de teatro donde no sólo eres el actor principal, sino también el director. Muchas veces, ni siquiera sabemos que somos el director y que, como tal, tenemos la capacidad de cambiar el guion. Usa los registros akáshicos para obtener una visión clara de tu obra. Imagina que mientras estás sentado en la energía de los registros, puedes proyectarte tres metros frente a ti para observar como un espectador y ver la obra sin ningún apego. También puedes proyectarte por encima de tu cuerpo y mirar desde arriba este drama. Me gusta la primera imagen y es la que uso. Me gusta ver mi vida como una obra de teatro y tomo la silla del director mientras observo el pasado y el presente. Al saber que los eventos y circunstancias de tu vida crean tu realidad, al saber que toda tu realidad es un reflejo de la forma en que has entrenado tu mente a pensar, es relativamente fácil rebobinar la cinta y ver tu pasado. Cambia tu forma de pensar y crea la realidad, la vida que quieres vivir. Una actitud mental positiva te llevará muy lejos.

La capacidad de ver claramente el pasado es una de las mejores herramientas que los registros akáshicos tienen para ofrecernos. Si puedes ver el pasado sin apegos, puedes hacer los cambios necesarios en el libreto. Pregúntate a ti mismo: ¿Cómo estoy actuando? ¿Qué pasa con todas las otras personas involucradas en la obra? ¿Están desempeñando su papel de manera que apoyan mi vida, mi crecimiento y mi evolución espiritual? Si no es así, como director de la obra, tienes derecho a decirles que no estás satisfecho con la forma en que están desempeñando su papel. Tienes derecho a decirles que deben cambiar su actuación; y si se niegan o son incapaces de hacerlo, tienes derecho a despedirlos. Esta parte puede ser difícil debido al apego que puedes tener al rol que desempeñan en tu vida. Debes ser un director fuerte y tener claro el papel que cada individuo está jugando en tu vida.

Al ver tu vida de esta manera, puedes hacer cambios en las huellas de tu pasado, así como cambiar el guion a medida que avanzas hacia tu futuro. Recuerda que el futuro aún no está escrito. Está determinado por las elecciones que haces en el presente. Está escrito por ti, el director. Mientras revisas tu vida, podrías encontrarte con experiencias negativas del pasado y, probablemente, las consideres como una mala parte de tu vida. La verdad es que las experiencias negativas son bendiciones disfrazadas. Al verlas, intenta no reaccionar ante ellas con enojo o aversión, como normalmente lo harías. En cambio, reconócelas solamente como experiencias que son parte del drama, de la puesta en escena de tu vida. Míralas como ilusorias y oníricas. El reconocimiento y la aceptación de estas experiencias cambiará la carga de ellas y te liberará. Pide la asistencia de los Maestros y Guías. Este nivel de comunicación dentro de la visión puede ser la fuente de muchas bendiciones y cambiar la dirección de tu vida.

La visión te permitirá conocer la verdadera naturaleza de tu mente. La verdadera naturaleza de tu mente es la verdadera naturaleza de la realidad; y ésta, a su vez, es la verdad absoluta.

Capítulo 13

La meditación

No hay mejor manera de digerir y entender la información que recibimos que la meditación. Meditar o sentarse puede traer la visión como una imagen muy clara. Al sentarnos, podemos entender la información que recibimos. Podemos vaciar nuestras mentes de las distracciones que se interponen en nuestro camino para reconocer las gemas que recibimos de los Maestros cuando tenemos abiertos los registros akáshicos.

La meditación es una técnica que puede ayudarnos a profundizar en el Ser y, desde esa postura, tener un mejor entendimiento de nosotros mismos. Hay muchas formas y estilos de meditación, pero el objetivo final es llevarnos al vacío. En este espacio sin mente todo se detiene, desapareciendo en el vasto océano de nuestras mentes de la misma manera que las nubes que se desvanecen sin esfuerzo en el cielo. El espacio entre los pensamientos es hermoso. Es el espacio donde la mente descansa del proceso de pensamiento y de los apegos. Este espacio puede desarrollarse a medida que profundizamos en nuestra meditación y, mientras lo hacemos, el espacio se amplía cada vez más. Entre un pensamiento y otro está el vacío y dentro del vacío está el potencial de todo. La meditación puede ayudarnos a vaciar nuestra mente y, una vez vacía, llenarla de nuevo con lo que conscientemente decidimos que ocupe el espacio de nuestra mente.

El espacio y la materia que ocupan la mente durante nuestras horas de vigilia permanecen activos todo el tiempo y nuestra mente subconsciente determina nuestra realidad. Si aprendemos a vaciar la mente de todo lo disfuncional, del drama, el dolor y los recuerdos destructivos del pasado, así como de todas las carencias y limitaciones, de los comportamientos y patrones que nos mantienen en la experiencia de la vida que hemos creado, cambiamos nuestra realidad. Si todavía nos identificamos con la dinámica familiar, seguimos trabajando constantemente en sanar relaciones pasadas pero somos incapaces de avanzar hacia la libertad completa, la meditación puede ser el camino necesario después de experimentar la visión.

Si llevamos la información que recibimos de los Maestros a nuestra meditación, podemos destilar la información y dar el siguiente paso a la acción. Pero si el objetivo de la meditación es vaciar la mente, ¿cómo se debe aprovechar la información que recibimos de los Maestros en nuestra meditación? Como he mencionado antes, hay muchos estilos de meditación, desde meditación en movimiento hasta estrictas disciplinas como el zen. Al llevar la información desde tus registros akáshicos a tu meditación, poco a poco aprenderás a verla con claridad durante tu meditación. Es como si tomaras la información y los pensamientos que tienes y les permitieras ser como nubes en el cielo. Imagina que te sientas en un prado y miras hacia el vasto cielo vacío. Antes de que te percates, una nube aparecerá y luego dos o tres, y tal vez, de vez en cuando, una cadena de nubes. Simplemente te sientas allí, observando cada una a su paso; y lo permites si te quedas quieto, mirándolas como algo externo. Puedes, incluso, querer dialogar con ellas y extraer información para tu comprensión, pero lo haces como observador y no como participante. Al hacerlo, habrá un momento en que las nubes simplemente desaparecerán, disipándose en el vasto cielo de tu mente, y tú puedes descansar en el vacío. Cuando la siguiente aparezca, repites el proceso nuevamente.

Podemos decir que meditación significa descansar en la visión sin distracciones, sin perturbaciones. Meditar es estar atento a la información que se recibe, libre de construcciones mentales, mientras permaneces completamente relajado, sin distracciones o ideas preconcebidas sobre el resultado. La meditación busca estar naturalmente absorbido y asimilado en ella. La meditación es el flujo natural después de la visión. Recibimos la información y luego, simplemente, la llevamos al silencio. No estamos tratando de entender la información, sólo estamos permitiéndole estar allí mientras nos sentamos a observar la energía.

Hay algunos puntos para recordar. Cuando un pensamiento ha llegado y se ha ido, hay una brecha donde el pasado ya se fue y el futuro todavía no ha surgido; en ese espacio existe un gran potencial que se vuelve aún mayor si aprendemos a expandirlo. Podemos descansar en ese espacio de pura luz radiante y consciencia. Es inevitable que otro pensamiento aparezca, es aquí cuando necesitamos mantener el enfoque y la atención en la información que estamos recibiendo. Si permitimos que nuestra mente ordinaria nos lleve a pensamientos ordinarios, hemos perdido la oportunidad de este precioso momento. Si somos capaces de reconocer esto y permanecer enfocados, poco a poco comenzamos a reconocer la verdadera naturaleza de nuestra propia mente. A medida que surgen los pensamientos, simplemente los observamos y los dejamos ir; y a medida que se van, se liberan. Permanece como observador, sintiendo la paz de los pensamientos liberadores.

Ésta puede ser una experiencia muy enriquecedora que llegará para validar la información que recibes de los registros akáshicos de muchas maneras. Sin embargo, es una práctica que requiere dedicación y tiempo. La mayoría de personas en nuestra cultura ha sido programada para buscar la solución inmediata. La quieren rápido y ahora. Debes recordar que estamos hablando de la mente, una mente que es como el vasto cielo. Habrá días de lluvia intensa y de nubes oscuras, al igual que habrá días soleados con algunas hermosas nubes alrededor. Todos los pensamientos producidos por la mente son capaces de crear tu realidad.

También se puede decir que la mente es como el océano, a veces es poco profundo y muchas otras es tan profundo que no puedes ver el fondo. Puede ser un océano cálido o helado, con pequeñas olas juguetonas o destructivas como las de un tsunami. Puede ser como un lago, un espejo tranquilo con una intensa actividad bajo la superficie. En la quietud de la meditación, podemos tomar las tormentas y las lluvias fuertes como indicios, utilizándolas para tener una mejor comprensión de nosotros mismos. Esto puede ser el alimento, el maná, del despertar del entendimiento; y esto es en última instancia lo que estamos buscando. Queremos un mejor entendimiento de nosotros mismos y de la vida para que podamos sanar y transformar nuestra realidad.

Todo comienza con la información que recibimos de los registros akáshicos. Los Maestros te presentarán el material que está dentro de ti, la información que te ayudará a ser mejor. Los Maestros te darán muchas llaves, llaves que abrirán puertas para entrar a un profundo entendimiento y conocimiento. Sin embargo, lo que ellos no van a hacer por ti es abrir las puertas que tú mismo tienes que abrir. Tienes que estar dispuesto a abrir las puertas y atravesarlas, pase lo que pase. Tienes que confiar en que si te has centrado en tu corazón al abrir los registros akáshicos, si has aplicado la fórmula AAA que explicaré más adelante, si no has manipulado la información y la has mantenido pura, entonces lograrás una mayor comprensión, paz interior y conocimiento.

Los Maestros han enfatizado en la importancia de llevar la visión a tu meditación para estabilizarla. Para lograr esto, en primer lugar, necesitas crear el entorno adecuado, un lugar propicio y con las condiciones favorables para tu práctica. Esto no sólo es valioso para la meditación, también es importante cuando te sientas a abrir tus registros akáshicos. Apartarte de las distracciones del mundo es esencial. Necesitas alejarte de tu entorno cotidiano cuando estás aprendiendo los registros akáshicos. ¿Cómo puedes crear una huella permanente que impresione profundamente tu nivel celular si asistes a una clase de nueve a cinco y, después, te vas a casa al ordenador, teléfono móvil y todas las distracciones de tu vida? No serás capaz de hacer esto si vas a casa a encontrarte con el bombardeo de energía de otros, de la ciudad o de un compañero que no apoya tu proceso e inmediatamente reduce tu energía. Imagina que puedes alejar de ti todo esto y que pasas tiempo completo inmerso en la energía de los registros. Esta experiencia te cambiará y te dará las herramientas para crear energía similar cuando regreses a casa, a tu entorno cotidiano. Esto es posible porque habrás creado una impresión en tu nivel celular.

En segundo lugar, debes llegar al completo entendimiento de que no hay diferencia entre la meditación y la información que llevamos de la meditación del Akasha a nuestra vida cotidiana. La integración de la sabiduría recibida debe ser llevada a tu vida diaria y puesta en práctica. Podemos llamar a esto la integración de la sabiduría y la meditación, y puede ayudarte a encontrar la estabilidad de tu práctica con los registros akáshicos.

En tercer lugar, la práctica constante de la visión en la meditación te permitirá tener un flujo constante de energía que reforzará la información. Te permitirá hacer cambios y actuar desde un espacio de menor implicación y mayor sabiduría. Como resultado, verás que cambian las condiciones y circunstancias de tu vida. Al cerrar este apartado de la meditación, te dejo con las palabras del maestro tibetano Nyoshul Khenpo:

Descansa en la gran paz natural esta mente exhausta
Abatida por los golpes del karma y los pensamientos neuróticos
Como la furia implacable de las olas
Que rompen en el océano infinito del samsara.
Descansa en la gran paz natural.

Diez razones para meditar

1. **La meditación nos hace más felices.** La meditación causa que las glándulas en tu cerebro secreten de tal manera que el cerebro se inunda de felicidad. La meditación trae un sentimiento de paz y equilibrio.
2. **Aura más fuerte.** La meditación llena tu aura con luz interior y fortalece el campo áurico. El sistema de chakras es protegido de proyecciones y vibraciones negativas. Estas vibraciones pueden venir de las proyecciones de otros o de las emanaciones planetarias. Puedes *evitar* estos eventos desafortunados, que pueden ser agotadores.
3. **Proyección positiva.** La meditación aumenta tu vibración y frecuencia internas, entonces tus proyecciones se vuelven más fuertes, centradas y positivas. Vibrar a una frecuencia más alta afectará de forma positiva a quienes están alrededor tuyo. Tu comunicación puede ser, y será, más clara y amorosa.
4. **Sanar.** Hay ciertos tipos de meditación que incluyen sonido, tonificación o canto. Estas vibraciones sonoras ayudan a sanar el cuerpo físico al proyectar el sonido a una parte específica del cuerpo, llevando los órganos, huesos, etc. a una vibración con una frecuencia más alta.

5. **Ganar enfoque.** Meditar te proporcionará disciplina, así que cuando trabajas, tu mente permanece centrada naturalmente. Lograrás más al estar más enfocado, puesto que la meditación te da claridad mental.
6. **Limpiar tu karma.** No es raro que traigas a esta vida karma de vidas pasadas, además del karma que vas creando y acumulando en esta vida. Al entonar ciertos sonidos o mantras, usas las palabras sagradas del mantra para borrar o remover estas huellas kármicas de tu campo. Cuando estas impresiones se transmutan, estás liberado y puedes continuar con más libertad en tu vida.
7. **Aumentar tu intuición / estar más conectado.** La meditación te ayuda a estar más centrado y enfocado. Meditar es como recibir un mapa de rutas que te ayudará a afinar tus energías y agudizarás tu intuición. La intuición es necesaria para alcanzar tus objetivos y mantenerte en la dirección correcta hacia tu destino.
8. **Manifestar una intención específica.** Visualizar mientras se medita está en relación directa con la visión. En otras palabras, puedes traer al silencio de tu meditación lo que observas en la visión, dándote la oportunidad de ser un observador de tu vida. Éste es un método increíble para ser testigo de tu propia vida y, desde este espacio, poder hacer realidad tus sueños.
9. **Milagros.** La meditación te hará ser capaz de manifestar milagros. Te ayudará a eliminar la densidad que te rodea y te llevará a un espacio de apertura para que puedas manifestar y ver milagros en tu vida. ¿Necesitas un milagro? ¡No lo pidas dos veces! Pídelo 108 veces. Usa una *mala* (un hilo de cuentas para orar, similar a un rosario) para repetir un mantra y manifestarlo.
10. **Tener una mayor experiencia de tu Ser.** Cuando estás meditando, puedes descubrir múltiples dimensiones internas y externas, figurativa o literalmente. Puedes entrar a un espacio de autoexploración, equilibrar tus emociones y liberarlas. Puedes explorar la verdadera naturaleza de tu alma e integrar completamente la visión, la meditación y la acción con tus registros akáshicos.

La vida es mucho más rica y profunda cuando incluyes la práctica de la meditación. ¡Inténtalo!

Capítulo 14

La acción

La acción es el flujo creativo que sucede en nuestras vidas como resultado de la visión y la meditación. Es como un río que fluye sin esfuerzo hacia el mar. Cuando este tipo de acción comienza a darse en nuestras vidas, aumenta la creatividad, energía y gozo, así como la confianza en quienes somos. Podemos utilizar mejor nuestra energía y ser más eficientes con ella, creando una conexión más profunda con el Espíritu y los Señores del Akasha, y una mayor y más fuerte relación con los Maestros y con nosotros mismos.

La acción ocurre como resultado de la observación de nuestros pensamientos, así que creamos nuestra realidad por la calidad y la adecuación de la forma en que pensamos. Esto significa que si nos entrenamos a nosotros mismos para ser observadores de nuestros pensamientos, buenos o malos, poco a poco podremos integrar la totalidad de nuestra experiencia con los registros akáshicos en nuestras vidas. Alcanzar esta integración, independientemente de la información que recibamos, nos permitirá trascender la tristeza y el dolor. Seremos capaces de comenzar lentamente la separación del samsara y avanzar a un estado de equilibrio y una vida de alegría, servicio, amor y devoción. Podremos vivir una vida que sucede como una aventura bien planificada. Sabemos que cada aventura tiene un cierto nivel de riesgo, pero vale la pena tomar el riesgo porque las recompensas del viaje no pueden ser reemplazadas. Estas recompensas son las gemas que recolectamos de la aventura y, al hacerlo, desarrollamos un apetito por la vida. Es como si una vitalidad renovada se hiciera cargo y perdiéramos el control de la vida del yo. Entonces, nos rendimos a la guía que recibimos de los registros akáshicos y mantenemos el equilibrio y la armonía en nuestras vidas.

En el camino de la acción y el autodescubrimiento, te encontrarás con varios obstáculos, pero tienes los registros akáshicos como una herramienta para guiarte. Sin embargo, también debes ser consciente de los patrones mentales que has desarrollado durante tu vida. Uno de ellos es el patrón del autosabotaje, que te dirá constantemente que esto no es para ti, que es demasiado difícil o que lleva demasiado tiempo. Puede decirte que hay otras herramientas disponibles y que, tal vez, debas ir al supermercado espiritual de nuevo y encontrar algo mejor. Ésta es la voz de tu ego, que te estimulará a hacer algo y, al mismo tiempo, te dirá que no funciona. Este ego es el que constantemente te susurra a tu oído que no eres digno, que no tienes la preparación adecuada, el carácter adecuado, la personalidad, el dinero, etc. ¿Quién está creando todos estos pensamientos? Si respondiste que la mente, tienes toda la razón. Si caes en esta trampa, es como crear demasiadas esperanzas y despertar demasiados miedos. Crearás una gran cantidad de ruidos mentales, y con ellos, un retroceso.

La visión es muy importante porque a través del diálogo que creas con los Maestros, serás capaz de mantener tu mente bajo control. Te darán una visión de rayos X y la habilidad de acercarte con detalle a espacios específicos del pasado, de vidas anteriores y de la presente. Al hacerlo, ellos te ayudarán a guiarte en la acción. No asumas que el camino del autodescubrimiento es fácil y que llegar al punto de conocerte verdaderamente va a suceder tan rápido como encender un interruptor de luz en una habitación oscura. Comprender la naturaleza de la mente y cultivar una relación significativa con los Maestros requiere dedicación y tiempo. Desarrollar esta relación te guiará a través de todo esto y así podrás navegar en el vasto océano del samsara en un barco bien construido y con orientación de expertos a la mano.

Se asume fácilmente que porque entendemos algo intelectualmente, de hecho, lo sabemos. Ésta es una simplificación extrema. Se necesita madurez, tiempo, dedicación, observación, meditación y una relación sostenida con el Akasha para poder ser comprendido. Ésta puede ser una de las mejores trampas establecidas por el ego alterado. Toma esta dinámica como una pregunta para los registros akáshicos y para la meditación: mira qué partes de ti, cuál de las muchas máscaras que usas durante el día (en la oficina, en casa, en una fiesta, en la iglesia o cuando hablas con tu amigos) están unidas a lo que sabes. En una conversación, defenderás lo que sabes con todas tus fuerzas, pero sabiendo algo intelectualmente no puede darte la autorrealización.

Incluso, los grandes maestros han sentido las alegrías y las penas de la vida, y hay muchos ejemplos de este tipo de personas. La diferencia entre una persona común y un maestro es que la persona común no está dispuesta a explorar sus emociones, en cambio, simplemente siguen los movimientos de la vida. Una persona ordinaria instintivamente aceptará o rechazará sus sentimientos, y este apego o aversión dará como resultado una acumulación constante de emociones que son karmas negativos no transmutados. Por otra parte, el maestro, el individuo autorrealizado, es el que percibe todo lo que emerge en su estado natural y prístino sin permitir que las ataduras y los apegos entren en su percepción. Este individuo ve sus emociones y sus reacciones a ellas desde un espacio consciente.

Si sigues el hilo de lo dicho, puedes ver claramente que todo esto es parte de la acción, pero también parte de la visión y la meditación. En otras palabras, es parte de tus registros akáshicos. Partes de esos registros están almacenadas en tu mente. Se trata de la mente y lo que almacenamos allí, de estar dispuestos a mirar en lo más profundo sin llegar a frustrarse. Se trata de hacer un compromiso con seguir adelante sin importar nada más, porque en última instancia vale la pena. Estudia este material con la mente de principiante. La mente de principiante está vacía, abierta y receptiva. La mente experta está llena. La mente experta lo sabe todo. Es la que dice: «Sé todo esto»; y el ego está unido a ella. Si abordas una situación desde la posición de la mente experta, dejas que entre muy poco.

He hablado anteriormente sobre el aferrarse y los apegos, así que permíteme aclarar la diferencia entre el apego y el desapego. Imagínate caminando por un hermoso jardín. Estás completamente consciente de la belleza y el esplendor de este lugar. Estás consciente del color vibrante de las flores y los árboles, de la temperatura y del color del cielo. Estás consciente de cómo se siente el suelo mientras caminas, cómo la suave grama permite que tus pies se hundan un poco mientras caminas. Eres capaz de percibir las formas de todo lo que está a tu alrededor, hasta los más pequeños detalles, y los olores son casi embriagadores. Mientras caminas admirado por el lugar, no hay rastro de aferrarse o apegarse a nada. Dejas el lugar satisfecho, aunque no necesitaste poseerlo. En cierto modo, dejas el lugar aún más hermoso que antes, porque no estás tomando o destruyendo. Lo que dejas atrás es tu amor y aprecio por lo que has visto y disfrutado.

El apego es caminar por el mismo hermoso jardín y querer poseerlo, arrancando las flores, tomando algunas de las piedras y cristales. En otras palabras, no lo dejas tan hermoso como era antes porque tomas de él. Lo dejas con menos para que tú puedas tener más.

Mientras más cultives la energía del desapego, ganarás más confianza y serenidad, que sólo crecen interiormente como resultado de caminar por muchos jardines como éste con asombro y admiración. Esto dejará una sonrisa de paz y satisfacción en tu rostro, surgirá un sentido del humor y la vida será mucho más placentera que nunca antes.

Capítulo 15

Protección

Cuando revisemos la oración sagrada, verás que una vez que estás en tus registros, recibes la protección de los Maestros y Guías. Recibes un escudo de amor y luz que te protegerá energéticamente de cualquier fuerza negativa que pueda tratar de llegar a ti porque estás emanando altas cantidades de luz interna.

La protección espiritual es algo que todos deberíamos saber cómo hacerla, independientemente de las creencias religiosas. La mayoría de las personas que siguen un camino espiritual reconocen la necesidad de protegerse de fuerzas externas, que abarcan mucho más que fantasmas, entidades y espíritus, y si eres un trabajador de luz dedicado, las entidades son una de las principales formas que buscan disminuir tu luz. Las entidades se manifiestan en muchas formas, pero en su mayor parte están apegadas a adicciones: así que hay entidades asociadas con tabaco, alcohol, drogas, juegos de azar, sexo, comida, compras, juegos en línea, pornografía en línea, mensajes de texto y correo electrónico, por nombrar algunas.

En Bali, uno de los lugares del mundo que más me gusta y donde realizo mi curso intensivo anual de registros akáshicos, tienen un hermoso ritual. Hacen pequeñas cestas de ofrendas todos los días. Hacen dos cestas idénticas con flores, galletas, uno o dos dulces, arroz y una varita de incienso. Una de las cestas es para un altar dentro de su hogar o negocio y está dedicado a los dioses. La segunda cesta queda en el suelo fuera de la puerta de entrada de su casa, oficina o negocio, y ésta es para los demonios, fantasmas y entidades. Ellos saben que los demonios existen, por lo que, para satisfacer sus necesidades, los alimentan fuera de la casa para que no entren a molestar a los ocupantes. De esta manera, mientras los demonios están fuera dándose el festín, los dioses y los espíritus benevolentes pueden entrar a la casa.

Lo que estas entidades quieren de ti es que continúes con tu adicción para que puedan tomar tu luz y dársela a la entidad global a la que ellos están vinculados. En otras palabras, si eres adicto a la nicotina, cada vez que inhalas, estás perdiendo cierta cantidad de tu luz y dándosela a esta entidad. La entidad, a su vez, la otorga a una entidad mucho más grande –llamémosla la entidad madre de la nicotina–, que con esta energía global es capaz de crecer y mantener a millones de adictos. Al mantener tu adicción, no sólo contribuyes a perder tu propia luz y salud, también contribuyes a la adicción global. El planeta sufre tu contribución negativa también. Esto es cierto para cualquier entidad de apego. Asimismo, todas las demás adicciones te hacen perder luz y contribuyen a la disminución de la luz del planeta.

La negatividad en cualquier forma puede ser perjudicial para tu energía. Cuanto más te envuelves en patrones negativos, más fuga de energía y luz tendrás. Todo lo que creas se procesa primero en tu mente, por lo que cualquier negatividad que salga de ti o que tú expreses a otros es propiedad tuya. Aunque algunas veces crees negatividad simplemente para dirigirla a otros, primero tiene que pasar a través de ti. Por lo tanto, el miedo, la ira, la depresión, la gente negativa, los lugares negativos, las discusiones, los celos, la avaricia y otras energías negativas, en realidad, crean una capa negativa muy parecida a una capa de pintura. Cuanto más te involucras en esa negatividad, más capas de pintura le colocas a tu campo de energía. A medida que continúas haciendo esto, la energía negativa empieza a filtrarse en toda tu vida, creando problemas en el hogar, el trabajo y con las personas que amas. Las limpiezas espirituales son muy importantes para ti mismo, tu hogar y tu oficina. Te sugiero que hagas esto regularmente, especialmente si estás involucrado en el trabajo de los registros akáshicos y estás limpiando mucho material viejo. También es importante cuando te das cuenta de que la energía dentro de tu campo áurico no está en armonía, que tus chakras están en desequilibrio. Explicaré más sobre los chakras en el capítulo 20.

Como mencioné antes, la oración de los registros akáshicos lleva la protección de los Maestros y Guías. Esta protección es similar a la capa de pintura de la que ya hablé, pero funciona de una forma diferente. Cuando abres tus registros akáshicos una vez, es como aplicar una fina capa de protección. Cuando abres tus registros diariamente por un mes, agregas una capa más gruesa a tu alrededor. Si abres tus registros regularmente por un año o dos, la capa de protección se vuelve más gruesa, más fuerte y mucho más permanente. Recuerda que estamos trabajando con energía y la energía es como un vapor que se disipará y se perderá si no se aprovecha adecuadamente. En conclusión, si eres un trabajador de luz, si tienes una práctica espiritual, debes protegerte todos los días. Sugiero que te protejas todas las mañanas mientras te preparas para comenzar tu día. De la misma manera que te preparas para las actividades de tu vida diaria, como tomar una ducha, vestirte, etc., debes aplicarte protección como parte de tu rutina.

Burbuja de luz de protección

La técnica de burbuja de luz de protección es muy simple de hacer y es muy efectiva. Imagina una esfera o una burbuja lo suficientemente grande para que quepas dentro. Otra forma poderosa para visualizarla es la de un huevo. La fuerza de esta forma es bastante sorprendente, no es de extrañar que la naturaleza la haya elegido. Una vez que has visualizado la forma contigo dentro de ella, puedes imaginar las paredes de alrededor de treinta centímetros de espesor y hechas de vidrio o incluso de un material de plexiglás que es irrompible. Si lo deseas, puede agregar tu propia oración diaria a esta visualización. La mía es:

> *Invoco la Luz del Cristo interior. Soy un canal claro y perfecto.*
> *La Luz es mi guía.*

El interior de la burbuja es muy importante. Estoy seguro de que has experimentado la forma en que los colores afectan tu vida y tu estado de ánimo. De manera similar, el color que colocas dentro de la burbuja te afecta. Si deseas protección general, usa luz blanca pura. Visualízala tan fuerte como puedas con tu imaginación, sintiéndola y dejándola crecer tanto como te sea posible. Una vez que la has visualizado o tengas la sensación de ella, imagina que estás soplando esta luz blanca dentro la burbuja de la misma manera que inflas un globo. Haz esto hasta que sientas que está completamente llena. Esto significa que has generado esta luz dentro de ti primero y, cuando estés lleno, puedes llenar la burbuja.

Ésta es una lista de colores que puedes agregar al interior de tu burbuja dependiendo de la situación que puedas encontrar:

- **Azul**: para la protección, la comunicación y para fluir.
- **Verde**: para dar y recibir sanación, equilibrio y renacimiento.
- **Rojo**: para la acción y la vitalidad en el plano físico.
- **Naranja**: para la procreación, la cocreación y la sexualidad.
- **Amarillo**: para claridad mental, dirección y enfoque.
- **Púrpura**: para la espiritualidad y la sabiduría.
- **Blanco**: para la pureza, la conexión y la iluminación.
- **Melocotón**: para la alabanza, saca lo mejor de todo.
- **Rosa**: para la dulzura y la humildad.
- **Turquesa**: para la autoestima y como un purificador.
- **Nacarado**: contiene todos los colores y es bueno para todo.
- **Plata**: para la atención, fluir y ser notado.
- **Dorado**: para la consciencia crística.
- **Gris**: para la intensidad o intensificar tus acciones.
- **Marrón**: para enraizarse y estabilizarse.
- **Negro**: contiene, absorbe y consume.

Ésta es una maravillosa lista de colores que puedes agregar al interior de tu burbuja o huevo. También habrá momentos en los que tienes que hacer algo en el exterior de la burbuja, dependiendo de las circunstancias de tu vida. Si estás experimentando un ataque psíquico, recibiendo negatividad y oleadas de ira, celos o críticas de una fuente conocida o desconocida, es posible que desees cubrir el exterior de la burbuja con una superficie reflectante, muy similar a un espejo. Puedes estar preguntándote por qué hacer esto. En primer lugar, y lo más importante, tú no eres responsable de las proyecciones y la energía de los demás. Al reflejar la energía de vuelta a la fuente, le das a esa persona la oportunidad de apropiarse de sus propias proyecciones. No tienes que encargarte de ellas. Tienes suficiente con encargarte de tus propias creaciones. Con suerte, lo que estás creando es algo positivo y hermoso, y ésa es la razón por la que estás recibiendo la energía o proyección negativa. Lo más importante de entender es que cada vez que reflejes algo, debes hacerlo siempre con amor y compasión. Hazlo con la sensación de saber que, finalmente, lo que quieres es el mayor bien para todos los involucrados.

Burbuja de luz de protección

Protección de tres capas

La protección de tres capas es otra forma simple, pero muy efectiva, de protegerte. Visualízate de pie y reuniendo toda tu energía en tu corazón. Siente cómo toda tu intención se canaliza al centro de tu corazón. Desde ese espacio, genera un sentimiento de amor y permite que crezca suavemente y cubra todo tu cuerpo.

Siente la temperatura del amor irradiando desde tu corazón como suaves olas de calor; visualiza el color azul como una llama. Permite que esa sensación se amplíe aproximadamente hasta cuatro metros delante de tu cuerpo y, desde allí, crea una burbuja o una forma de huevo a tu alrededor. Visualízala tan claramente como puedas y hazla más gruesa. Mira y siente el calor que continúa emanando desde tu corazón y aplícalo en la superficie exterior de la burbuja.

Vuelve tu atención hacia tu corazón y, una vez más, genera sentimientos de amor. Siente tu corazón expandirse. Visualiza el color verde. Haz que sea el verde más hermoso que jamás hayas visto. Permite que se expanda desde tu corazón aproximadamente a dos metros delante de ti, como antes, y crea una forma de burbuja o huevo a tu alrededor. Visualízalo tan claro como puedas. Cubre la burbuja con el color verde que generaste.

Regresa tu atención a tu corazón y nuevamente comienza a generar los sentimientos de amor y compasión. Imagina que este color es dorado y luminoso e imagina que este color dorado genera energía en el centro de tu pecho, en tu chakra del corazón. Visualízalo allí como una bola luminiscente dorada de aproximadamente diez o quince centímetros de diámetro. Siente cómo vibra y se mueve. Siente que la energía dentro de la esfera está viva. Siente como se convierte más y más en la esencia del amor y la compasión, y siente las cualidades eléctricas que contiene.

Permite que esa bola de energía salga suavemente desde tu corazón y viaje aproximadamente a un metro delante de tu cuerpo; desde allí crea una esfera o una forma de huevo. Hazla tan fuerte como puedas y observa el color dorado brillante irradiando a tu alrededor.

Mírate a ti mismo parado en el centro de las tres formas de huevo. Esta visualización usa el concepto de las muñecas rusas que encajan una dentro de la otra.

La primera forma de huevo, la que tiene el calor, quemará y mantendrá lejos cualquier energía proyectada desde cualquier fuente conocida o desconocida. Te mantendrá protegido del mundo en general, especialmente de energías malintencionadas, de negatividad, ira, crítica y envidia. La segunda forma de huevo, de color verde, creará una segunda capa de protección. Aquí permitirás que algunas energías pasen la primera capa y se acerquen a ti; aquí puedes almacenar energías de sanación, ya sean dadas o recibidas. La tercera forma de huevo es la más cercana a ti y su color es dorado. Ésta es tu capa más íntima. Aquí permites que entre el Espíritu. Éste es tu espacio más íntimo, un espacio de meditación interna y comunión con el Ser. Éste es el espacio que está reservado para tus relaciones más íntimas, exploración interior, oración, celebración y amor.

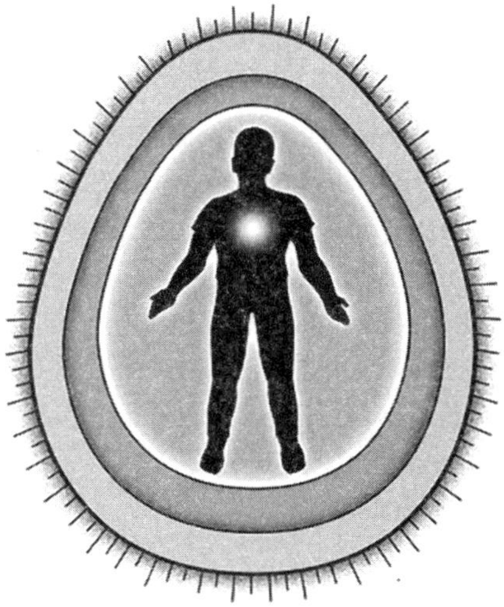

Protección de tres capas

Limpiar tu hogar u oficina de energía negativa

Las limpiezas espirituales regulares de la casa son importantes para eliminar cualquier energía negativa que pudiera permanecer allí. Todo en tu hogar, desde alfombras hasta muebles, cuadros, electrodomésticos, incluso la pintura de la pared, puede recibir energía y quedar cubierto de ella. Cada vez que ocurren estallidos de negatividad, como episodios de ira, furia, gritos o cualquier otra acción de naturaleza negativa, dejan una huella energética en tu hogar. Si no haces nada al respecto, estás permitiendo que una acumulación de negatividad comience a irradiar tu hogar. Si te mudas a una nueva casa u oficina, realmente no sabes lo que ocurrió en ese lugar antes de que tú lo ocuparas. Es posible que la casa estuviera en ejecución hipotecaria y que los anteriores propietarios emanaron enormes cantidades de ira e insatisfacción. Es posible que hayan discutido, llorado y tal vez allí incluso hubo violencia hasta el punto de que alguien resultó herido o muerto. Simplemente no lo sabes, ¿verdad?

Si éste es el caso, es mejor hacer una limpieza completa de la casa. Aquí tienes una receta completa para hacerlo. Déjame ser muy claro sobre este procedimiento. Implica fuego y debes ser extremadamente cuidadoso cuando lo haces. No querrás correr algún riesgo de lesionarte o quemarte en tu propiedad.

Debes comenzar teniendo el hogar limpio, dejándolo lo más despejado posible, especialmente en las esquinas. Barre o aspira el piso, eliminando el polvo y la suciedad. Éste es un paso importante. ¡No te lo saltes! Éste es un ritual doble. La primera parte es quitar, soltar y sacar todo de la casa. Todo, lo bueno y lo malo, se va. La segunda parte es invitar y dar la bienvenida a los espíritus que TÚ quieres. Al decir espíritus, me refiero a santos, Cristo, Buda, ángeles, arcángeles, etc. No me refiero a los espíritus de difuntos.

Esto es lo que necesitarás:

- Una sartén grande.
- Papel de aluminio.
- Sal de Epsom.
- Alcohol.
- Tomaollas, agarradores o cogeollas.
- Salvia blanca.
- Un tazón en donde quemar.
- Un encendedor con boquilla larga para evitar quemarte la mano.

Nota: Esto va a producir un fuego muy fuerte, así que sé muy precavido. Busca a alguien que te acompañe en caso de que necesites ayuda para sostener la sartén. Usa agarradores gruesos, no toallas, para sostener la sartén, porque se pondrá muy caliente. **No hagas esto cerca de cortinas, flores secas o cualquier cosa que pueda quemarse fácilmente. No hagas esto si no te sientes cómodo con el fuego.** Es posible que desees iniciar el proceso con una cantidad muy pequeña de sal de Epsom y alcohol para ver lo que se siente.

Antes de empezar, crea una energía de protección a tu alrededor. Pide a tus ángeles, guías espirituales, dioses y diosas, etc. que te protejan. También puedes abrir tus registros akáshicos, ya que esto hará el ritual más poderoso. Tienes que saber que estás haciendo esto para el mayor bien de todos los involucrados. Puedes usar la misma oración que te di antes, mientras caminas por la casa, repitiendo constantemente:

Invoco la Luz del Cristo interior. Soy un canal claro y perfecto. La Luz es mi guía.

1. Cubre la sartén con papel aluminio. Añade la sal de Epsom hasta cubrir aproximadamente medio centímetro de la sartén. Añade alcohol para cubrir la sal de Epsom, asegurándote de que el alcohol esté al menos tres milímetros por encima de la sal.
2. Asegúrate de que todas las ventanas y puertas estén abiertas si es posible. Esto es importante, ya que debes permitir que todas las energías, espíritus y entidades tengan una salida fácil de la casa. Las puertas y ventanas cerradas los mantendrán atrapados.
3. Enciende esta mezcla y camina por la habitación o la casa. Se producirá una llama muy intensa, así que debes ser muy cuidadoso. Mantén la sartén con el brazo extendido y lejos de tu rostro. Habrá áreas donde el fuego se enojará. Detente ahí por un momento hasta que se calme un poco. Éstas son áreas de energía acumulada que necesitan ser liberadas y consumidas por el fuego.
4. Camina de esquina a esquina en la habitación para despejar cada centímetro del espacio, y luego pasa a la siguiente habitación. Cuando termines, coloca la sartén sobre un agarrador, base de azulejo o piso de cemento, pues va a estar extremadamente caliente y podrá quemar tu alfombra o piso de madera.
5. Una vez que hayas completado esta parte, cierra todas las ventanas y puertas. Ahora queremos todas las puertas y ventanas cerradas para que las energías que te gustaría atraer a través de tus invocaciones y oraciones permanezcan en la casa. Entonces, llama a la Luz e invita a los santos, a Buda, a los bodhisattvas o espíritus buenos con los que trabajas.

La siguiente parte del proceso se hace con salvia blanca u otra hierba sagrada, como hierba dulce, copal, francoincienso o incienso, si no tienes salvia blanca. Asegúrate de que todas las alarmas de incendio estén apagadas para evitar que suenen por el humo.

6. Comienza en el mismo lugar que antes. Quema la salvia y luego apaga la llama para que ésta pueda producir humo. Lentamente camina de esquina a esquina de cada habitación como lo hiciste antes.
7. Usa la oración o el mantra que prefieras para invitar a los buenos espíritus y llamar a los ángeles. Visualiza paz, amor y armonía y siente la energía que deseas para proteger tu hogar. Toca hermosa música devocional para llenar el espacio.
8. Ata una flor de salvia blanca sobre la entrada o entradas de tu casa. Esto mantendrá tu hogar protegido.

Enciende una vela, colócala en tu altar y expresa tu agradecimiento y gratitud por todo lo que has aprendido y hecho.

Hay otra manera de limpiar tu hogar, pero no pretende reemplazar la receta anterior. Diluye sal pura, de roca o marina sin refinar, en agua purificada y viértela en una botella de spray. Camina por cada habitación, de esquina a esquina, rociando todo alrededor. Éste es un excelente neutralizador.

Sahumerio o ceremonia de limpieza

La ceremonia de limpieza o sahumerio es hermosa. La conocí en México cuando era niño; en aquel entonces no sabía lo que el chamán, la curandera o el curandero estaban haciendo, pero los vi soplando el humo alrededor de la persona que estaban sanando o por todo el hogar que estaban limpiando. A medida que fui creciendo, comencé a hacer preguntas y me dijeron que usaban hierbas sagradas, incluido el tabaco, para retirar o limpiar cualquier negatividad de la persona o del hogar. La mayoría de culturas nativas de todo el mundo tienen un ritual de limpieza (*smudging*) como parte de sus tradiciones.

Cuando comencé a asistir a los temazcales aquí en los Estados Unidos, hace más de veinte años, recuerdo que mi abuela espiritual (aunque ella siempre me llamó hermano, finalmente nos decidimos por nieto) habló sobre las ceremonias de limpieza. Su nombre es Barrett Eagle Bear. Ella es curandera de la tradición lakota y siempre dijo que los espíritus negativos no pueden soportar estar en la presencia o el aroma de la salvia, mientras que los espíritus positivos son atraídos por este aroma. Para mí, estas ceremonia de humo son como una aspiradora espiritual. Todo lo que está adherido a tu campo áurico será eliminado. Cualquier energía que permanezca después de una sesión de sanación o algún episodio de ira, puede y debe limpiarse.

Para eliminar la negatividad, puedes usar cualquier hierba sagrada, como salvia blanca, hierba dulce, copal, francoincienso, mirra o tabaco puro (no fumarlo). Personalmente uso salvia blanca suelta. Coloco un poco en un tazón de cerámica y la enciendo. Mientras la salvia está humeando, la persona que está en la limpieza abre sus piernas y brazos. Comenzando desde la parte superior, por el frente, ventilas el humo desde la cabeza hasta los dedos de los pies, pasando el tazón bajo los brazos extendidos y las piernas abiertas. Una vez que termines el frente, colócate detrás de la persona y haz lo mismo, de modo que cubras el frente y la parte posterior de la persona. Si tienes un abanico para hacer el ritual, es mejor. De esta manera no tienes que usar tu mano ni soplar, y lo haces más tradicional.

¿Cómo sabré si estoy protegido o no?

Estar desprotegido normalmente se manifiesta dentro de los cuerpos emocionales y espirituales. A continuación hay una lista de síntomas que puedes experimentar si tu campo de energía está desprotegido:

- Permanecer irritable, de mal genio e impaciente con los demás.
- Sentirse agotado.
- Tener pesadillas.
- Ser influenciado fácilmente por otros.
- Sentirse amenazado o a la defensiva.

- Ser fanático de alguien.
- Sentir las emociones o el dolor de otras personas.
- Chocar con las personas, estar siempre distraído e ir tropezando con cosas.
- Copiar de otros o vivir tu vida a través de otros.
- Sentir dolor físico en la parte posterior de tu cuello, en el plexo solar (en la boca del estómago) o en las articulaciones.

Puedes construir y proteger tu propio campo de energía de varias formas. Éstos son algunos ejemplos fáciles de seguir:

- Abre tus registros akáshicos diariamente.
- Crea tu burbuja de protección a diario.
- Mantente en forma y bien.
- Bebe mucha agua.
- Viste colores protectores, colores que te hagan sentir bien.
- Usa o lleva contigo cristales de protección, por ejemplo amatista, lapislázuli, sugilita, larimar, ojo de tigre dorado y ojo de halcón (ojo de tigre azul), para protección psíquica.
- Viste o usa símbolos de protección (los símbolos son muy personales y depende de tus creencias, así que usa los que sientas que funcionan para ti).

Capítulo 16

Enraizarse

Enraizarse es la base sobre la cual se construye todo lo demás. Si no estás arraigado y sólidamente plantado en la tierra, serás inestable y vulnerable. Me imagino que muchos de vosotros habéis oído hablar de *grounding* (conectarse a la tierra) o lo habéis practicado de alguna manera. Es un paso simple pero importante que no se debe perder. Enraizarse es el acto de crear conscientemente una conexión de energía de tu cuerpo con la tierra. Enraizarse ayuda a mantener el cuerpo energético fuerte y evita que te estreses demasiado. Ayuda a mantener tu sistema de energía seguro cuando estás haciendo un trabajo espiritual o cuando te preparas para abrir tus registros akáshicos. Enraizarte te alineará con el núcleo de la Tierra, y esto, por sí mismo, alineará tus chakras. El hecho de enraizarse actúa de la misma forma que una conexión eléctrica de polo a tierra, que te impide ser afectado por una sobrecarga de energía cuando se incrementa como resultado de pasar bastante tiempo en la energía de los registros akáshicos.

Tal vez has experimentado los sentimientos de no estar enraizado. Es posible que si has asistido a un ritual o has dado o recibido una intensa sesión de sanación, luego hayas sentido un poco de náuseas y dolor de cabeza o hayas tenido la sensación de estar «elevado». En muchos casos, ésta es la reacción natural del cuerpo a una energía más intensa que se mueve a través de él cuando no tiene suficiente capacidad para albergar la cantidad de energía que está recibiendo. Piensa que enraizarte es una forma de ayudarte a conservar la energía recibida o de liberar energía innecesaria. Cuando te enraízas, liberas energía no deseada o excesiva, que es transformada por la Madre Tierra. Se convierte en parte del proceso de reciclaje natural de la tierra.

Enraizarte también puede ayudarte a liberar la energía de otra persona que has tomado por alguna razón. Esto sucede muchas veces durante las sesiones de sanación, cuando la persona sanada arroja energía y el sanador no es consciente de lo que está ocurriendo. Esta energía es acumulativa y, si no se libera, si no te enraízas después, poco a poco comenzará a afectarte. Si esto pasa, empezarás a sentirte cansado, comenzarán a aparecer dolores y molestias corporales inusuales y estarás sensible y agotado.

¿Por qué es tan importante estar enraizado?

Éstas son algunas razones por las que estar enraizado puede hacer una gran diferencia en tu vida diaria:

- Te permite una profunda conexión entre el cielo y la tierra, dándote mayor capacidad para estar equilibrado.
- Te permite aumentar tus habilidades de sanación al ser capaz de tomar energías sagradas de la tierra.
- Te da la oportunidad de mantener el equilibrio entre los cuerpos físico, mental y emocional.
- Te ayuda a estar completamente conectado con la tierra y la vida, y a entender que estás aquí para cumplir un propósito.
- Te ayuda a mantener un flujo entre el espíritu y la materia.
- Te proporciona los medios para liberar energía bloqueada que no se puede trasmutar fácilmente.
- Te permite profundizar tus raíces y, con esto, alcanzar un mayor logro espiritual.

Después de pasar largos períodos de tiempo en la energía de los registros akáshicos, puedes quedarte sin conexión a tierra. Si tienes una práctica de sanación de cualquier tipo, sea psicoterapia, masaje o reiki, y mantienes abiertos tus registros akáshicos durante las sesiones, puedes sentirte un poco desconectado al final debido al intercambio de energía. Es extremadamente importante darte, en lo que sea que estés haciendo, un tiempo para cuidarte. Después de todo, tú eres la embarcación, el vehículo que debe permanecer equilibrado y fuerte para seguir haciendo lo que haces.

Éstas son las formas de mantenerte enraizado:

- Camina descalzo sobre la tierra y visualiza la energía fluyendo por tus pies y hacia la tierra.
- Ve al parque, a tu patio o al bosque y abraza un árbol. Dale toda tu energía y deja que la tome y la transmute por ti.
- Come cualquier cosa que crezca bajo tierra: patatas, zanahorias, remolachas, nabos, colinabos, cebollas, batatas, etc.
- Bebe mucha agua con un pH alto.
- Camina en entornos naturales. Camina sobre la tierra en lugar de ir por el pavimento.
- Haz ejercicio físico: deportes, yoga, tai chi, danza, etc.
- Trabaja con tus manos en la tierra. Haz jardinería.
- Encuentra tu propósito en la vida y síguelo.
- Visualiza raíces que salen de tus pies y que te plantan profundamente en la tierra.
- Lleva o usa cristales de conexión con la tierra, como turmalina negra, ónix, hematita, obsidiana negra, cuarzo ahumado, piedra de sangre (*bloodstone* o heliotropo), etc.
- Practica la visualización de enraizamiento y la meditación que comparto contigo a continuación.

Visualización de enraizamiento

He mencionado antes que puedes visualizarte como un árbol con raíces profundas. Imagina que tienes raíces profundas que salen de las plantas de tus pies, los cuales deben apoyarse totalmente sobre el suelo mientras haces esta visualización. Si estás sentado, puedes visualizar estas raíces desde la base de tu columna vertebral, bajando por tus piernas y recorriendo todo el camino hasta llegar al suelo. Simplemente permite que estas raíces se profundicen y te anclen a la tierra. Siente la atracción electromagnética del núcleo de la Tierra. Al mismo tiempo, siente cómo desde tu chakra corona eres atraído directamente hasta el cielo, creando una línea de energía sólida y fuerte entre el cielo y la tierra.

Meditación de enraizamiento

Te sugiero que grabes esta meditación para que no tengas que leerla. Esto hará que tu experiencia sea mucho más poderosa. Puedes ir a mi sitio web *www.journeytotheheart.com* y descargarla gratuitamente en *Cosas gratis*.

Siéntate cómodamente en una silla con respaldo recto o en el suelo sobre un cojín. Mantén las manos y los pies separados y los pies apoyados sobre el suelo.

Cierra los ojos (esto ayuda a concentrarte en tu interior). Toma tres respiraciones profundas. Lleva el aire hacia abajo, a tu vientre, y relájalo mientras exhalas. Permite que tu abdomen se expanda y contraiga naturalmente. Respira por la nariz mientras mantienes la lengua descansando ligeramente sobre el paladar. Mantente atento y consciente de tu respiración. Observa cómo tu cuerpo se relaja de forma natural. Simplemente siente y permanece presente.

Sé consciente de tu primer chakra. Éste es el centro de energía más cercano a la tierra y se encuentra en la base de la columna vertebral. El color de este centro de energía es rojo. Genera energía en esta área dirigiendo tu atención allí. Permite que las sensaciones y los sentimientos fluyan suavemente hacia tus pies. Deja que esta energía fluya hacia el suelo, a través del edificio donde te encuentras, y baje hasta conectarse con la tierra.

Deja que esta energía fluya suavemente, bajando más y más hasta conectarse con el corazón de la Madre, hasta que llegue al centro, al núcleo de la Tierra. Siente la atracción magnética de la Tierra. Siente su gravedad y la profunda atracción en tu primer chakra.

Una vez que te sientas enraizado, relájate y respira suavemente; experimenta tu enraizamiento y siente tu conexión con la Madre Tierra, la Pachamama. Siente tu conexión espiritual con este hermoso planeta.

Observa cómo se siente tu cuerpo, enraizándote y haciéndote más presente. Permanece en el momento, libera cualquier tensión o incomodidad física, inhala suavemente por la nariz y exhala por la boca; permite que la energía fluya.

Ahora, visualiza suavemente una cascada de agua fresca, hermosa y refrescante e imagina cómo la cascada cae desde la base de tu columna hacia tus piernas. Mira cómo te nutres y refrescas a medida que te conectas y fluyes con toda la realidad. Fluye y fluye sin resistirte, a través de tus raíces hasta el centro de la Tierra, hasta el corazón de la Madre. Sé consciente de que las aguas que fluyen de ti están conectadas con tus emociones y ofrécelas a la Tierra. Experimenta esto con un corazón abierto. Experimenta la dicha y, simplemente, relájate. Mantente así tanto tiempo como quieras. Tómate tu tiempo.

Ahora cambia con suavidad tu visualización e imagina las hermosas y fuertes raíces de un árbol, permíteles crecer lenta y fuertemente. Visualízalas bajando hasta el centro de la Tierra para conectar con el corazón de la Madre y abrazarlo. Observa cómo esto cambia tu experiencia. Respira, disfruta y tómate tu tiempo.

Ahora, conectándote con tus sentimientos y emociones, respira dentro de tu primer chakra y crea, imagina y visualiza por ti mismo. Crea tu propio enraizamiento. ¿Qué ves? ¿Qué se siente?

Juega, tómate tu tiempo y respira. Libera la tensión física, emocional y mental, dolores corporales y otros dolores, recuerdos de experiencias pasadas o, simplemente, la energía no deseada de tu última sesión. Deja que todo fluya suavemente de tu cuerpo a la Tierra.

Tómate tu tiempo y observa qué se siente mientras lo haces, mientras te vacías. Quédate quieto y relájate. Profundiza en tu interior. Si tienes tus registros akáshicos abiertos y tienes alguna pregunta, éste es el momento para pedir respuestas a los Maestros y Guías. Sé abierto y escucha. Sé paciente y relájate.

Cuando hayas terminado, abre lentamente los ojos, respira profundo, estira los brazos encima de tu cabeza y exhala con un suspiro como si te estuvieras despertando por la mañana.

Inclínate hacia delante hasta que tus manos toquen el suelo. Da las gracias a la Madre Tierra por el apoyo que te da, por el alimento y por la vida que tienes. Dale las gracias por ser lo suficientemente fuerte para enraizarte y sostenerte. Junta tus manos y di: «¡Gracias!».

En este punto, quiero compartir un hermoso poema que podría ser tu lema en la vida. Este poema está en relación directa con la primera pregunta que hago cuando dirijo los talleres de registros akáshicos. ¿Te acuerdas? La pregunta es: ¿Qué es lo que te hace bello, talentoso, magnífico y fabuloso?

Este poema, Volver al amor, fue escrito por Marianne Williamson.

Nuestro miedo más profundo no es a ser inadecuados.
Nuestro miedo más profundo es porque somos poderosos sin medida.
Es nuestra Luz, no nuestra oscuridad, lo que más nos asusta.
Nos cuestionamos, ¿quién soy yo para ser brillante, precioso, talentoso y maravilloso?
En realidad, ¿quién eres tú para no serlo?
Eres el hijo de Dios.
Jugar a ser pequeño no le sirve al mundo.
No hay nada de sabiduría en disminuirse para que quienes están cerca de ti no se sientan inseguros.
Todos estamos destinados a brillar, como lo hacen los niños.
Nacimos para manifestar la gloria de Dios que está dentro de nosotros.
No sólo dentro de algunos de nosotros: está en todos nosotros.
Y mientras dejamos brillar nuestra propia Luz, aun sin saberlo, permitimos que otros brillen con la suya propia.
Y al liberarnos de nuestros propios miedos, nuestra presencia libera a los demás en el acto.

Piensa en cada palabra y observa dónde te detienes. Mira si te disminuyes para acomodar a los demás en tu vida, si tienes miedo de no ser aceptado por otros y en qué medida asumes la energía de víctima en lugar de la energía de tu poderosa presencia y magnificencia.

Exploremos este hermoso poema

Piensa en estas palabras: *Nuestro miedo más profundo no es a ser inadecuados. Nuestro miedo más profundo es porque somos poderosos sin medida.*

Puesto que estás leyendo este libro, voy a asumir que eres una persona que está buscando despertar su poder personal. Si éste es el caso, te aseguro que el miedo a tu poder personal ha surgido de ti.

Es nuestra Luz, no nuestra oscuridad, lo que más nos asusta.

En el momento en que empieces a abrazar tu poder, a medida que desarrolles una profunda conexión con el Espíritu, con el Akasha, comenzarás a brillar con tu luz interior. A medida que esta luz brilla, empezarás a cambiar y otras personas lo notarán. Es probable que esto te asuste porque no estás acostumbrado a la sensación de esta luz interior.

Nos cuestionamos, ¿quién soy yo para ser brillante, precioso, talentoso y maravilloso?

Surgen las heridas del pasado y el saboteador en nuestro interior comenzará una conversación con tu ego: ambos ganarán si pueden mantenerte pequeño.

En realidad, ¿quién eres tú para no serlo?

¡Esto es correcto! ¿Quién eres tú para no serlo?

Eres el hijo de Dios.

¿Crees plenamente en esto? Si tu respuesta es sí y viene del corazón, ¿cuál es la excusa que tienes para no asumir el papel de hijo de Dios en esta vida? Si tienes la sensación de ser verdaderamente un hijo de lo Divino, entonces debes actuar como tal, comportarte como tal y aceptar toda la riqueza que este mundo tiene para ti.

Jugar a ser pequeño no le sirve al mundo.

Si deseas influir de manera positiva en la vida de los demás, si quieres vivir tu vida para hacer una diferencia, entonces…

No hay nada de sabiduría en disminuirse para que quienes están cerca de ti no se sientan inseguros.

Abraza tu luz interior, ten el coraje de cambiar, sanar y transformarte, sé un ejemplo para otras personas de la magia de la transformación a través de los registros akáshicos. No escondas tu espiritualidad, no crees una división en tu vida al no vivir tu vida como un hijo de lo Divino, conviértete en esto y compártelo en la oficina, en tu hogar, con los amigos, con extraños; asume tu completud e integridad al no crear una división.

Todos estamos destinados a brillar, como lo hacen los niños.

Imagina que puedes volver a la inocencia de tu niñez. Imagina que vas sin preocupaciones y ligero, libre de las ilusiones del mundo. Imagina que Dios/Diosa te provee siempre y avanzas en un espacio de total confianza. En ese espacio no tienes miedo de brillar. Te vuelves tan brillante que con tu luz ciegas las sombras de tu mundo interior y exterior. Eres libre.

Nacimos para manifestar la gloria de Dios que está dentro de nosotros.

Así es, nacimos para manifestar la plena gloria de Dios en todos los aspectos de nuestra vida: nuestra vida interior, nuestra vida financiera, nuestras relaciones, nuestra salud, nuestras amistades, nuestra devoción, nuestra carrera, nuestra diversión, nuestro desempeño y nuestro disfrute de una vida equilibrada.

No sólo dentro de algunos de nosotros: está en todos nosotros.

Todos tenemos la misma impronta inicial o la semilla de lo Divino: está en nosotros. Buda dijo que todos los seres vivos tienen el potencial para alcanzar la budeidad. Jesucristo dijo: «Os digo, el que cree en mí también hará las obras que yo hago; y hará obras aún mayores».

Y mientras dejamos brillar nuestra propia Luz, aun sin saberlo, permitimos que otros brillen con la suya propia.

Debemos y tenemos que dejar que nuestra luz brille y, con eso, iluminar nuestras vidas y las vidas de los demás. Esta luz será nuestra luz de guía en todo momento, en los días oscuros y en las noches vacías, que son parte del proceso de la vida. Tenemos esta luz interior para guiarnos.

Y al liberarnos de nuestros propios miedos, nuestra presencia libera a los demás en el acto.

La liberación es en realidad el resultado final, nuestra propia libertad personal y el desarrollo de la sabiduría, la compasión, el amor y la gratitud. Al tener esta energía, al encarnarla y vivirla desde el corazón, constantemente emanaremos la energía que le dará a los demás la semilla que les permitirá hacerlo posible en ellos mismos.

Namasté.

Capítulo 17

¿Cómo recibimos la oración de los registros akáshicos? La historia de Johnny Prochaska

La historia de Johnny Prochaska comenzó hace mucho tiempo en España. Johnny era el hijo de un noble español de linaje checoslovaco, una familia aristocrática que le dio extrema importancia a sus propiedades y otras posesiones materiales. Tuvieron esta posición privilegiada durante muchas generaciones y, por esto, su estilo de vida estaba arraigado en la historia familiar. Johnny tenía una hermana llamada Mary y un hermano menor, Peter. Johnny era el mayor de los tres hijos, por lo que se esperaba que aprendiera y desempeñara el papel que su padre le indicaba, además de las lecciones especiales que recibía en la escuela.

Su casa era un castillo familiar que contaba con hermosos jardines, caballos y habitaciones espaciosas. El interior estaba decorado impecablemente con un estilo español moderno y una mezcla de otras influencias europeas. El personal de mantenimiento hacía que todo funcionara sin problemas: disponían de jardineros, camareras, hombres que se hacían cargo de los establos y, por supuesto, una niñera para atender a los hijos. Era una niñera particular, que había estado con la familia durante más de cincuenta años y había visto crecer a dos generaciones. Su nombre era Rachel.

Rachel sabía que la familia Prochaska iba a tener un hijo especial y tuvo que esperar hasta que el niño naciera para reconocerlo. Rachel era una mujer inusual para los estándares de aquellos tiempos. Era muy organizada y limpia, y tenía habilidades inusuales que le permitían moverse rápidamente de un lugar a otro, casi como si se deslizara sobre el suelo. Por su particular forma de ser, pasó de ser una criada a estar a cargo de todos los sirvientes, pero lo que más disfrutaba era cuidar a los niños. Ella estaba esperando una señal que marcara la llegada de este pequeño tan especial. Rachel era miembro de una antigua y hermética sociedad esotérica. Había aprendido la sabiduría de los antepasados y, a través de su conexión con el espíritu, sabía de su papel en esa casa. Los Prochaska fueron amables y agradecidos por la presencia de Rachel en su hogar. Ella sabía las cosas que pasarían antes de que sucedieran para advertir sobre las dificultades que se avecinaban, y su mirada visionaria siempre parecía estar en lo cierto. Cuando comenzó a trabajar con la familia, esas habilidades asombraron a sus miembros pero, poco a poco, todos se acostumbraron y disfrutaron viviendo con la sabiduría de esta mujer.

Cuando nació Johnny, Rachel sabía que este niño era especial, pero conociendo que habría más niños, esperó hasta verlo crecer. Mary y Peter llegaron y, aunque eran hermosos y radiantes, no tenían el brillo interior que mostraba Johnny. Desde muy temprana edad, Johnny amaba pasar tiempo con Rachel en la cocina, contándole sobre sus visiones y conexión con el reino animal. Era capaz de comunicarse fácilmente con aves, ardillas, lagartos, conejos y todos los demás animales, que eran atraídos como por un imán hacia Johnny. Para él no había nada especial en esto y, siempre que estaba con los animales, tenía un brillo inusual. Rachel constantemente decía que Johnny permanecía con un aura verde y vibrante, un resplandor que siempre lo rodeaba.

No era inusual ver a Johnny jugando solo en los jardines y tener conversaciones con sus amigos invisibles. Mientras Mary y Peter siempre jugaban juntos en la casa con todos los hermosos juguetes que el dinero podía comprar, Johnny pasaba la mayor parte del tiempo al aire libre, comunicándose con la naturaleza, o en la cocina, compartiendo sus descubrimientos y aventuras con Rachel. Rachel no sólo escuchaba a Johnny, también le enseñaba mucho. Ella lo inició en la sabiduría del espíritu y lo instruyó en las enseñanzas esotéricas que eran apropiadas para su edad. La mamá y el papá de Johnny intentaban una y otra vez atraerlo hacia la casa, comprándole juguetes y juegos, pero simplemente no podían mantenerlo dentro de la casa. Ellos también sentían algo inusual, casi mágico, en este niño y muchas veces acudieron a Rachel para pedirle consejo, pues sabían que Johnny y Rachel eran muy cercanos. El consejo de Rachel a los Prochaska fue dejarlo ser. Ella les dijo que él era un niño especial, uno que, cuando fuera el tiempo adecuado, traería un mensaje muy especial. Él compartiría la sabiduría de las estrellas para aquellos que estaban listos para recibirla y tener un vínculo con esta sabiduría. Los Prochaska no entendieron nada de esto, pero sabían que había algo diferente en Johnny porque por mucho que intentaron que se comportara como Mary y Peter, nada funcionó.

Después de la guerra civil española, durante el tiempo en que el país estuvo recuperándose, la situación política y financiera se volvió muy difícil para la familia Prochaska. El señor Prochaska atravesó severas dificultades financieras y sabía que aún podría haber mayores dificultades en el futuro, por lo que consultaba a sus asesores financieros. Cierto día, estaba en la cocina sumido en sus pensamientos cuando Rachel se le acercó y le dijo:

—Sé que tu corazón está pesado y lleva una gran carga. Estás recibiendo señales contradictorias. Tu corazón te dice una cosa y tus consejeros otra. Tienes que saber que el consejo de ellos viene de un interés personal. Si tomas la decisión que sabes que debes tomar, sus vidas cambiarán; pero el consejo de ellos se basa en el miedo a la pérdida y en el interés personal.

Ella también le comunicó:

—El cambio es lo único constante en la vida. El cambio es lo que nos da experiencia. El cambio, cuando está bien enraizado, es lo que hace al hombre. Escúchate a ti mismo y honra lo que escuchas.

El señor Prochaska se quedó sin palabras. Nadie, incluyendo a su esposa, sabía de las consultas a los asesores y de las dificultades en sus fábricas y cultivos, pero Rachel lo sabía. ¿Cómo es que esta anciana lo sabía? ¿Cómo pudo ella darle un consejo tan específico que tocó profundamente su corazón? Entonces, el señor Prochaska le dijo a Rachel:

—Anciana, me has visto crecer y has visto crecer a mis hijos. No sé de dónde sacas tu sabiduría y cómo sabes siempre lo que es mejor para mi familia. Si hago lo que está en mi corazón, se perturbará el estilo de vida de mi familia; además, ni siquiera sé a dónde ir.

—Tienes razón –le respondió Rachel–, la mayoría de ellos no sabe nada de esto, pero hay uno que siente el cambio, y ése es Johnny. Él sabe. Esto cambiará el destino de tu familia. Este cambio redirigirá la misión de las estrellas. El Consejo Cósmico de los Veinticuatro Ancianos y los Señores del Akasha son quienes están detrás de lo que estás sintiendo en tu corazón, y un lugar ha sido asegurado para ti en el Nuevo Mundo.

—¡El Nuevo Mundo! –exclamó el señor Prochaska–. ¿Qué quieres decir con eso?

—Éste es el lugar de las civilizaciones antiguas –le contestó Rachel–, de las culturas que nunca hemos entendido, y la tierra de las oportunidades y el crecimiento para ti y para tu familia. Éste es el lugar de la magia donde la gente se comunica con la naturaleza, el espíritu y la tierra. Es un lugar de color, espontaneidad, pureza de corazón y devoción, es un lugar de sencillez. Allí es donde tu hijo mayor recibirá su mensaje, el mensaje de las estrellas.

—Está bien Rachel –dijo– ¿Cuál es esa tierra mágica?

—México –respondió ella.

Después de eso, ambos se sumieron en un profundo silencio y Rachel salió de la habitación, dejando al señor Prochaska solo para pensar. Al salir de la cocina, ella apagó las luces y encendió una lámpara de aceite. El ambiente de la habitación cambió. Las paredes comenzaron a vibrar con una luz dorada. La única luz creó una sensación de expansión y parecía como si las paredes de la cocina se movieran seis metros hacia atrás. Del resplandor dorado apareció una imagen tridimensional en movimiento, brillante y colorida, diferente a todo lo que el señor Prochaska había visto antes. Él vio la tierra de los mayas, las pirámides y la gente colorida. Recorría con su mirada la cocina, observando las imágenes que lo rodeaban. Era como si fuese un forastero mirando dentro de aquellas escenas.

Pudo ver sus casas, sus estilos de vida, las afectuosas interacciones entre familias y vecinos, un colorido y abundante mercado donde las personas estaban en paz y felices. Vio hombres trabajando en la construcción de una pirámide, arquitectos con instrumentos de medición simples y un mapa de las estrellas. Vio personas que entraban a un templo para orar, honrar y dar gracias por lo que tenían. Vio a algunos de los ancianos y, para su asombro y sorpresa, vio a su hijo Johnny como un hombre adulto. Johnny era uno de los siete sacerdotes que iniciaron una ceremonia en una de las pirámides, la que se encuentra entre el Sol y la Luna.

La visión lo conmocionó y lo hizo vibrar hasta el centro de su ser. En ese momento entendió las palabras de Rachel y tomó la decisión de trasladar a su familia a Ciudad de México. Al día siguiente, el señor Prochaska le dijo a su esposa:

—Nos mudamos a Ciudad de México.

Cuando se hizo este anuncio a toda la familia, Johnny estaba muy emocionado. Sentía como si lo llamaran a casa. Justo al mismo tiempo, Johnny comenzó a tener un sueño recurrente. En el sueño estaba él, al anochecer, caminando por una calle empedrada y poco iluminada, pasando una puerta donde estaba parada una anciana indígena. No podía encontrarle sentido al sueño, pero sucedía una y otra vez.

Una vez que la familia llegó a Ciudad de México, se instalaron en un exclusivo vecindario donde vivían otras familias aristocráticas españolas. Comenzaron a relacionarse y a descubrir el estilo de vida en su nuevo hogar y país. En este tipo de familias, para mantener las tradiciones y el linaje, las personas están obligadas a casarse dentro de su misma clase social. Johnny, sin embargo, se enamoró de una mujer mexicana y se casó con ella. Esto fue una vergüenza para su familia, así que tuvo que irse.

Johnny se mudó al estado de Texas y abrió un negocio de importación de México a los Estados Unidos. En uno de sus viajes de negocios, una de sus reuniones fue cancelada y se encontró deambulando por las calles del centro de Ciudad de México. Era tarde, la calle estaba tenuemente iluminada, era estrecha y empedrada. Mientras caminaba por allí, pasó frente a una puerta donde una mujer indígena estaba parada. Dio dos o tres pasos más allá de la puerta y, de repente, se detuvo al caer en la cuenta de que estaba caminando por su sueño. Dio media vuelta y regresó. La anciana indígena ya estaba sentada dentro y le pidió que entrara. Johnny percibió de inmediato el parecido entre esta mujer y Rachel.

La anciana le pidió a Johnny que se sentara y le dijo que lo había estado esperando muchos años. Johnny le comentó que había tenido un sueño recurrente en el que caminaba por la calle y pasaba por la puerta donde ella estaba parada. La anciana indígena le dijo a Johnny que él había sido elegido para ser el portador de una oración sagrada que podría cambiar su vida y la de los demás, pero esto requeriría de una gran responsabilidad. Le preguntó si estaba dispuesto a ser el portador de la oración y a compartirla con los demás. Johnny dijo que sí y, entonces, ella le pidió que la siguiera.

Caminaron toda la noche hasta acercarse lo suficiente a las pirámides de Teotihuacán. Para cuando llegaron, Johnny estaba cansado y sediento, por lo que la anciana indígena encontró un lugar donde podrían descansar. Le dio un trozo de raíz que satisfizo su sed y apetito, y Johnny se quedó dormido. Cuando despertó, la anciana estaba alerta y esperándolo.

—Está bien, es hora de partir –dijo ella.

Comenzaron a caminar en dirección a las pirámides y, cuando se acercaron, Johnny notó que había otras personas caminando en la misma dirección. Estas personas vestían diferentes atuendos de varias culturas y eran de diversas razas.

Llegaron al pie de la pirámide del Sol y comenzaron a ascender. Una vez que llegaron a la cima de la pirámide, Johnny vio a un grupo de sacerdotes y sacerdotisas, y la anciana se dirigió a ubicarse al lado del sumo sacerdote. Allí su forma cambió para convertirse en la joven y hermosa contraparte del sumo sacerdote. La pareja representaba la dualidad hombre / mujer, el alfa y el omega, el yin y el yang, el Sol y la Luna. El sumo sacerdote le dijo a Johnny que había sido elegido para recibir una oración sagrada que cambiaría para siempre su vida y la de los demás, por lo que él debería sopesarlo con mucho cuidado. No fue una decisión fácil. A Johnny le dijeron que tenía que compartir y enseñar esta oración porque era el momento adecuado para que el mundo comenzara a recibir esta sabiduría antigua. El sumo sacerdote preguntó:

—¿Estás seguro de estar listo para esto?

—Sí –contestó Johnny.

Comenzaron una ceremonia y Johnny fue colocado en el centro de los sacerdotes y sacerdotisas. Del chakra corona de Johnny se elevó una llama de aproximadamente veinticinco o treinta centímetros. El sumo sacerdote tomó esta llama con sus manos, con ella tocó el corazón de Johnny y, luego, la estrujó entre sus manos. Lo que apareció fue un pedazo de papel dorado donde la oración de los registros akáshicos estaba escrita. Tomó este papel dorado y lo empujó en el chakra corona de Johnny y la oración se fundió en su ser.

Después de esta experiencia, Johnny regresó a Texas. No es necesario mencionar que su vida cambió por completo. Se convirtió en una aventura de autodescubrimiento en la que muchas veces recordó las lecciones que aprendió de Rachel durante su infancia. Johnny comenzó a enseñar la oración de los registros akáshicos. Una de las personas a las que Johnny enseñó esta oración fue una mujer llamada Mary Parker. Mary se convirtió en devota estudiante y amiga de Johnny. En algún momento, Johnny le dijo a Mary que su tiempo estaba llegando a su fin y que tenía que pasar la antorcha de los registros akáshicos a otra persona que debería continuar enseñando esta hermosa oración a otros. Le pasó la antorcha de responsabilidad a ella y, un día, Johnny simplemente desapareció. Todo en su apartamento quedó intacto. Muchos creen que regresó a México y otros creen que simplemente ascendió a un reino superior.

Mary continuó enseñando los registros akáshicos y es así como yo, Ernesto, llegué a aprender sobre los registros akáshicos. En 1991, una amiga mía llamada Denise me dijo que iba a tomar una clase de registros akáshicos y me preguntó si yo quería ir. Recuerdo la primera vez que escuché la palabra Akasha y cómo la vibración de esta palabra me produjo escalofríos. Lamentablemente, no pude asistir ese fin de semana porque estaba enseñando; sin embargo, Denise tomó la clase. Unas semanas después de que tomara la clase, me preguntó si podría leer mis registros akáshicos y le respondí que sí. Recuerdo la energía afectuosa, amorosa y bella que emanó de la consulta y la manera en que esa energía me envolvió y me hizo sentir amado. Era el tipo de energía que me estaba llamando a casa de una manera amable y amorosa.

Alrededor de un año después, Denise empezó a enseñar los registros akáshicos y tomé mi primera clase con ella, continué con el nivel 2 y 3, y luego comencé a ayudarla en sus clases. Casi al mismo tiempo, tuve una novia que también empezó a enseñar los registros akáshicos y comencé a ayudarla también. ¡Me encantaba estar en esta energía! Constantemente me preguntaban por qué yo no enseñaba este material y yo siempre respondía:

—No, estoy demasiado ocupado. Estoy enseñando otras cosas. No tengo tiempo.

Finalmente, un día, en mis propios registros akáshicos, los Maestros dijeron:

—¿Cuántas veces tenemos que enviarte el mensaje para que lo recibas? ¡Queremos que enseñes los registros akáshicos!

Como podéis ver, a veces soy un poco testarudo. Llamé a Mary y le dije que quería enseñar los registros akáshicos. Ella me dijo que sabía quién era yo y que había oído mucho sobre mí. Dijo que necesitábamos acordar una cita para que yo pudiera abrir sus registros akáshicos y leérselos. Cuando terminara, ella abriría sus registros y preguntaría a los Maestros si yo estaba listo. Le di las gracias, pero eso no era suficiente. Yo quería tomar un vuelo a Texas y conocerla en persona. Ella accedió y un par de semanas después fui a su encuentro.

Recuerdo haber llegado por la mañana, cansado porque no me acosté temprano la noche anterior. Mary me recogió en el aeropuerto y me dijo:

—Tú y yo vamos a comenzar una nueva relación. Es como si estuviéramos escribiendo en una página en blanco, completamente libre de lo que alguien haya dicho sobre ti o la forma en que lees o ayudas durante las clases.

Fuimos a su casa y le pregunté si podría descansar un rato antes de abrir sus registros. Ella simplemente me sonrió, me mostró la habitación donde me iba a quedar y, luego, me mostró su oficina. Me dijo:

—Deja tus cosas abajo y después ven a verme.

Cuando fui a su oficina estaba sentada y me dijo:

—Está bien, querido, estoy lista para que abras mis registros akáshicos.

Me dije a mismo: «Bueno, olvídate de descansar un rato y ve directamente a la lectura. Podrás descansar más tarde». Mientras me preparaba para abrir los registros de Mary, sonó el timbre y ella dijo:

—Ah, discúlpame, pero debe ser mi amigo que viene a documentar la sesión.

Ya estaba nervioso porque iba a leer para Mary, ¡y ahora también tenía público! Al final de la consulta, Mary me dijo:

—Si puedes enseñar la mitad de bien de lo que puedes leer, serás un maravilloso maestro.

Si el linaje es importante para ti, como lo es en muchas tradiciones espirituales, sabes que cuanto más cerca puedas estar del guía principal o el maestro, menos diluida será la enseñanza. Me enorgullece decir que desarrollé una relación cercana con Mary y ella se convirtió en mi mentora y mi maestra. En el linaje de los registros akáshicos, soy maestro de la tercera generación, y eso está muy cerca de la fuente original: Johnny Prochaska, Mary Parker, mi amiga Denise y luego yo.

Me gustaría compartir con vosotros las palabras que Mary escribió para mí:

Realmente aprecio tu actitud gentil y amorosa. Estás usándola para llevar el conocimiento de los registros akáshicos y sus aplicaciones prácticas al mundo.

La forma en que enseñas tus clases y diriges tus meditaciones es un acercamiento moderno de un antiguo sistema de enseñanza. Tienes mi bendición para todo lo que estás haciendo con los registros akáshicos.

Que siempre y en todos los sentidos camines en el Amor y la Luz de Dios.

Mary Parker

Capítulo 18

Guía para la consulta de los registros akáshicos

A continuación encontrarás algunas orientaciones importantes que debes tener en cuenta mientras trabajas con los registros akáshicos:

- **Trabaja con una mente completamente consciente. Mantén al mínimo los ojos cerrados para evitar una canalización de trance. Ten en cuenta el entorno donde abres tus registros akáshicos.**

Mantén los ojos abiertos para que no caigas en un espacio donde pierdas la conciencia y entres en trance. En este sistema de los registros akáshicos, no necesitas un talento especial o habilidades psíquicas. Si las tienes, apártalas y permítete aprender este método tan intacto y puro como ha permanecido. Una vez que lo hayas aprendido y que desarrolles una relación con los Señores del Akasha, entonces pregunta cuál es la mejor forma de introducir tus talentos y habilidades especiales para utilizarlos junto con los registros akáshicos. El único requisito que necesitas para abrir con éxito tus registros akáshicos es un corazón abierto.

En los registros akáshicos se busca estar consciente y alerta, no inconsciente. En la mayoría de mis clases, les pregunto a mis alumnos: «¿Cuántos de vosotros sois meditadores o practicáis meditación regularmente?». Yo diría que una buena parte, entre el 85 y el 90 %, levantan la mano. Entonces pregunto: «¿Qué pasa cuando cierras los ojos por primera vez y tomas una respiración profunda? ¿A dónde vas?».

Les pido que lo hagan y lo sientan. Deja el libro, cierra los ojos, respira profundo y mira a dónde vas. Después de exhalar, quédate en ese espacio durante diez segundos y luego abre los ojos. ¿A dónde fuiste?

Las respuestas son siempre similares: a algún lugar en lo profundo de mi interior, al silencio, a un vacío, a un espacio de paz interior, etc. Nadie nunca me dice que se sentía completamente consciente de su entorno. Uno de los objetivos de la meditación es llevarte profundamente al interior, pero con los registros akáshicos queremos permanecer conscientes y, por eso, mantenemos los ojos cerrados al mínimo. Al mantener los ojos cerrados por un largo tiempo cuando estás sentado para recibir información de los Maestros, se puede crear un patrón de interferencia.

- **No conduzcas el automóvil ni uses equipo pesado o maquinaria con tus registros akáshicos abiertos.**

Mientras estamos en los registros, entramos en un estado alterado de conciencia. Una vez que los abras, experimentarás un cambio. Para algunas personas, es fuerte y dramático. Para otras, es más leve y sutil; de cualquier forma es perfecto. En cualquier caso, hay un cambio; y si comienzas a recibir una gran descarga de información mientras estás en este espacio, no es seguro para ti conducir u operar maquinaria.

- **La oración de los registros akáshicos es sagrada. Protégela y llévala contigo todo el tiempo. Si haces copias personales, no copies las instrucciones para su uso. Esto protege la oración si se pierde.**

Hace mucho tiempo, escribí la oración sagrada en una tarjeta de presentación. Tenía la oración sagrada en un lado y las otras cuatro oraciones en el otro. De esa forma, donde sea que esté en el mundo, tengo las oraciones conmigo en mi bolsillo. Es posible que desees plastificarla. Sabiendo que la oración es sagrada y que los registros akáshicos no son para todos, al menos de momento, debes protegerla todo el tiempo. De todos modos, querrás tenerla contigo porque nunca sabes cuándo vas a necesitarla.

- **No uses drogas recreativas o consumas alcohol en exceso veinticuatro horas antes de abrir tus registros akáshicos. Los medicamentos recetados son aceptables.**

La razón de esta orientación es bastante obvia, no querrás alterar tu conciencia. Desearás estar tan despejado como te sea posible para que puedas recibir los mensajes claramente. Si bebes una copa de vino con las comidas, eso está bien. Si, como yo, dos copas de vino te emborrachan, no deberías abrir tus registros. Esto puede crear un patrón de interferencia.

- **Usa tus nombres y apellidos legales para abrir tus registros akáshicos.**

Esto es importante debido a la frecuencia vibratoria de tu nombre. Con los años, todos hemos creado una frecuencia o resonancia magnética con nuestro nombre; y los registros akáshicos se abrirán a esa frecuencia vibratoria.

Si te has casado recientemente y has tomado el apellido de tu esposo, es posible que todavía desees utilizar tu apellido de soltera. Si has cambiado tu nombre a uno de la Nueva Era o si un gurú ha cambiado tu nombre y aún no te has incorporado a la frecuencia vibratoria de este nuevo nombre, lo más probable es que tengas dificultades para obtener información. Esto puede ser un patrón de interferencia. Si éste es el caso, abre tus registros con tu nombre legal. Sin embargo, si has estado usando ese nombre durante tres o cuatro años, entonces has integrado ese nombre en tu ser y podrás usarlo sin ningún problema.

Otra situación puede ocurrir con algunas mujeres: digamos que has estado casada algún tiempo, pero tu matrimonio no va bien y estás considerando la separación o el divorcio. El apellido de tu esposo será rechazado por tu subconsciente porque estás en conflicto con esa energía original en la vida real. En casos como éste, abre tus registros con tus apellidos de soltera. El mejor consejo que puedo darte es simplemente probarlo con tus diferentes nombres posibles. He tenido a mucha gente en mis clases con nombres de la Nueva Era y obtienen información hermosa con ese nuevo nombre porque en él está más su vibración real que en el nombre que se les dio sin una elección. Inténtalo de diferentes maneras y observa cuál funciona para ti.

- **Siempre lee la oración sagrada. No la memorices.**

Esto es muy importante. Como ya sabes, la oración se nos dio de una manera especial y viene de la tradición maya. La forma en la que fue escrita en ese momento es la forma como la estás recibiendo en este libro. No la he alterado de ninguna manera. Mantener la integridad de la oración original es muy importante porque tiene el flujo de la energía original. La oración está viva y las palabras están codificadas en geometría sagrada. Si cambias una palabra, cambia toda la vibración de la oración y, probablemente, no terminarás en el Akasha cuando la leas. Cuando lees la oración correctamente, la vibración energética que entró en el chakra corona de Johnny, en el momento que el sumo sacerdote empujó la oración, es la misma vibración energética que entrará en el tuyo y que luego descenderá a tu corazón.

En mis clases, suelo dar el ejemplo de una dirección de un sitio web. Compartiré una historia personal sobre esto para que puedas entender la importancia de no cambiar una sola palabra. Hace algunos años, cuando abrí mi sitio web, www.journeytotheheart.com, quería que mis amigos más cercanos supieran que estaba listo y que le dieran un vistazo, así que les envié un correo electrónico anunciándolo. Poco después de enviar el correo electrónico, comencé a recibir mensajes de mis amigos preguntándome: «Ernesto, ¿en qué te metiste? ¿De qué se trata esto?». En uno de los correos electrónicos, un buen amigo dijo me dijo: «Ernesto, escribiste viaje al calor, en vez de viaje al corazón» (heat/calor y heart/corazón, en inglés). No hace falta decir que fui a ese sitio web y he aquí que era un sitio de pornografía suave. Me reí tanto y respondí a mis amigos: «¡Estaba tan emocionado por enviarte esta información que te envié a heat en vez de heart!».

Me encanta la historia y estoy muy contento de que me haya pasado, pues éste es el ejemplo perfecto de la importancia de no cambiar las palabras. Si lo haces, toda la vibración cambiará y es muy probable que termines en la tierra de los impostores. Podrías ser dirigido al plano astral o hacia algún otro lugar. No subirás al ascensor que describí antes, que te lleva directamente desde el suelo a la planta superior, por lo que puedes terminar en otro piso. La cuestión es que si realmente quieres permanecer en la vibración de los Maestros y Guías, si realmente quieres desarrollar una relación con la oración sagrada y el Akasha, entonces no cambies ni una sola palabra de la oración. Fue dada como una hermosa bendición del Espíritu en el momento en que nosotros, el mundo, más necesitamos esta energía, así que vamos a mantener esa integridad y vibración. Lleva tu energía al siguiente nivel de tu propia frecuencia vibratoria, que es de lo que se trata este libro. Haz la pregunta: A medida que aumente mi vibración, mi luz, ¿cuál será mi contribución a la humanidad y al mundo?

Yo llamo al cambio del 2012 el final de un ciclo cósmico: y donde hay un final, siempre hay un nuevo comienzo. Tú eres el arquitecto de tu propio futuro y los registros akáshicos están aquí para ayudarte, para trazar tu ruta de la mejor manera posible. Si incrementas tu vibración, con el continuo aprendizaje del lenguaje del corazón, puedes unirte a otras personas alrededor del mundo con vibración y consciencia similares para impactar los campos electromagnéticos de la Tierra. Al hacerlo, podemos contribuir a un cambio positivo en los corazones y las mentes de las personas, así como en el planeta en general. ¡No hay mejor momento para estar vivo! Has elegido el momento y el lugar perfectos para encarnar. Si querías emoción, ¡aquí la tienes! Eres el testigo de una nueva era, un ciclo de 25 630 años y un ciclo secundario de 5125 años que comenzó el 21 de diciembre de 2012. Presenciarás asombrosos cambios en tu vida y en el mundo, entonces ¡prepárate para ello! A medida que dejas ir el pasado, te conviertes en el arquitecto de tu futuro.

- **No es recomendable, al principio, permanecer períodos extensos de tiempo en los registros akáshicos.**

Los registros akáshicos crean un cambio que produce un leve estado alterado de conciencia; por lo tanto, es mejor comenzar lentamente y aumentar de manera gradual el tiempo que pasas en los registros. A medida que continúes leyendo, verás la simplicidad de abrir tus registros, así que podrás abrirlos de cuatro a cinco veces al día con facilidad. A menudo, comparo los registros akáshicos con los músculos, como tus bíceps. Si nunca has trabajado con pesas y tratas de levantar una de cincuenta libras, probablemente no podrás hacerlo. El músculo no está entrenado y no puede aguantarlo. Tienes que comenzar con un peso de cinco libras y comenzar a ejercitar este músculo. Poco a poco, ganas fuerza y puedes subir el peso a quince libras. Continúas ejercitándote y, antes de que lo notes, el levantamiento es bastante fácil, así que aumentas el peso de nuevo. De la misma manera, poco a poco empiezas a aumentar la cantidad de tiempo que pasas en la energía de los registros. Primero, estás ahí durante quince minutos y cierras tus registros. Gradualmente, aumentas tu tiempo a treinta minutos y, luego a una o dos horas, hasta que te sientas muy cómodo con la energía.

A veces los estudiantes me preguntan si está bien tener sus registros akáshicos abiertos todo el día y mi pregunta es: «¿Con qué propósito?». Si los registros son sagrados, entonces deben ser tratados con respeto. Es como si posees algo precioso y muy valioso, algo que guardas en tu altar o en un gabinete detrás de una vitrina. ¿Caminarías todo el día con eso en tus manos, mientras haces todas las cosas mundanas que tienes que hacer, como echar gasolina, ir al supermercado, ir de compras, a la oficina de correos, etc.? No lo harías. Tendrías miedo de que algo tan precioso se te cayera y se rompiera. No lo exhibirías todo el día, exponiéndolo a los ladrones. Sin embargo, cuando estés en casa y hayas creado un espacio sagrado, lo sacarás para que sea parte de tu meditación o devoción y luego lo guardarás. Es lo mismo con los registros akáshicos y la energía y el servicio que los Maestros te brindan. Respétalos, utilízalos, obtén guía e inspiración y, luego, guárdalos. No desperdicies la energía de los Maestros manteniendo tus registros abiertos todo el día. Continúa usando tu libre albedrío y toma las decisiones correctas mientras pasas por todas las situaciones cotidianas.

- **Explora áreas temáticas para formular preguntas.**

Tu experiencia con los registros akáshicos es única y propia. Aprender a formular las preguntas es un arte. Yo lo llamo el arte de cuestionar. Ésta es una de las herramientas más valiosas para explorar y obtener información. Si haces una pregunta de sí o no, recibirás una respuesta de sí o no. Tienes que saber que los Guardianes de los registros responderán a la pregunta tal como la has formulado, ni más ni menos.

Todos queremos saber algo. Queremos tener mayor comprensión y queremos aprender. Sólo mira los enormes edificios que construimos para albergar conocimiento: colegios y universidades donde las personas van a aprender. Imagina los registros como una escuela donde los Maestros son los profesores, es el lugar a donde vas todos los días para adquirir conocimiento. Si hay algo que no entiendes, pide una aclaración. Pide que se te explique de una manera diferente. Puedes formular preguntas derivadas de la principal para que puedas profundizar en el tema que te interesa hasta que sea claro y estés satisfecho. Pregunta y recibirás.

Aquí hay una lista de áreas que puedes explorar con los registros akáshicos. Más adelante, te daré preguntas más específicas.

- Desafíos y circunstancias de la vida actual.
- Interacciones con amigos y familiares.
- Patrones y comportamientos repetitivos.
- Sueños recurrentes.
- Influencias de vidas pasadas.
- Crecimiento o camino espiritual.
- Propósito y dirección de la vida.
- Influencias del exterior.
- Patrones de adicción y codependencia.

Capítulo 19

Oración sagrada de los registros akáshicos

A continuación, exploraremos la oración de los registros akáshicos. Te daré la oración sagrada intacta, tal como yo la recibí, como Mary la recibió y como Johnny la recibió. Lo más importante de los registros akáshicos es la oración sagrada, y algo que no hacemos es cambiar la redacción de la oración. La mantenemos intacta tal y como la recibió Johnny, que es como está en este libro. La oración nos fue dada en maya. Luego fue traducida al español, inglés y ahora a muchos idiomas diferentes, pero manteniendo siempre la integridad de la redacción en la oración.

Después de dar la oración, voy a explicarla línea por línea para que tengas una completa comprensión. También explicaré la fórmula AAA y su importancia para abrir tus registros. Explicaré esta fórmula en detalle en la página 168. Como he mencionado anteriormente, hay un método para abrir tus registros akáshicos. Simplemente leyendo la oración tal como está escrita no causa que algo suceda. Hay un método que debe seguirse para activar completamente la energía entre el Akasha y tú.

Método para abrir tus registros akáshicos

1. Aplica la fórmula AAA para centrarte y llevar toda tu atención a tu corazón.

2. Lee la oración de los registros akáshicos en voz alta, exactamente como está escrita, una vez.
3. Repite la oración **dos veces en silencio,** reemplazando las palabras **mío / míos,** que están en negrita y subrayadas, por tus nombres y apellidos legales.

Ábrete a recibir la energía. Siente el cambio mientras la energía suavemente desciende a tu chakra corona, como una cascada o una luz líquida que ingresa a tu corona y que lentamente baña todo tu cuerpo. Permanece en la energía y recibe. Hay diferentes formas de recibir la información según el grado en que tus sentidos se desarrollan. Hablaré sobre esto más adelante.

Oración de los registros akáshicos para acceder a tus propios registros

Yo le pido a Dios que coloque su Escudo
de Amor y Verdad alrededor mío
permanentemente para que sólo el Amor
y la Verdad de Dios puedan existir
entre vosotros y yo.

Yo permito a los Maestros, Guías y Seres
Queridos míos que canalicen a través de mí
desde el reino donde ellos se encuentren
para decir todo aquello que ellos
decidan decir.

Cierra tus registros diciendo:
Agradezco a los Maestros, Guías y Seres Queridos por la información que me han dado hoy. Confío en que esta información ha sido dada para mi mayor bien. Amén.

Entendamos la oración sagrada

La primera parte dice: *Yo le pido a Dios que coloque su Escudo de Amor y Verdad alrededor mío permanentemente.* Esto se refiere al escudo de protección que mencioné en el capítulo 2. Tendrás este escudo de protección durante el tiempo en que estás fortalecido por la energía de los registros. Recuerda, cuanto más desarrolles una relación con los registros, más sólida será la protección. Es como trabajar un músculo o agregar capas de pintura a una pared: poco a poco, la energía se acumulará y permanecerá después de que cierres tus registros akáshicos.

Algunas veces, durante mis clases, algunos se quejan sobre el uso de la palabra Dios, que ves dos veces en la oración. Los Maestros han compartido conmigo que, a los ojos del Espíritu, no hay división o distinción entre hombre y mujer, entre él y ella. Hay igualdad en el nivel del alma y el género es irrelevante. También me han dicho que cuando esta oración se usó activamente durante el tiempo de los mayas, había igualdad de género, entonces no había problemas de género. Pronuncia las palabras y la oración creará para ti un espacio sagrado con total igualdad y sin sentido de género o separación.

La segunda parte del párrafo dice: Para que sólo el Amor y la Verdad de Dios puedan existir entre vosotros y yo. Aquí estamos pidiendo la verdad absoluta que puede venir a nosotros por la gracia de Dios, la verdad que los Maestros tienen para compartir con nosotros, para nuestra iluminación y crecimiento. Estamos pidiendo el amor más divino que posiblemente pueda descender del Akasha para envolvernos, rodearnos y protegernos. No hay nada más delicioso que permanecer en la energía del Amor de Dios. Ahora entendamos la última frase, entre vosotros y yo. ¿A quién nos estamos refiriendo con vosotros y yo? Vosotros, en este caso, se refiere a los Maestros y Guías y yo se refiere a ti, la persona que está abriendo sus propios registros.

La segunda parte de la oración dice: Yo Permito a los Maestros, Guías y Seres Queridos míos. Por ahora tenemos claro quiénes son los Maestros y Guías. Los Seres Queridos son personas que has conocido y que han hecho su transición. En la mayoría de los casos, son familiares cercanos que tienen un asunto kármico sin resolver contigo. En otras palabras, están atrapados en el limbo o en el plano astral, esperando tener una comunicación contigo para que puedan tener paz y continuar con su evolución espiritual sin los lazos kármicos que existen entre vosotros. Podrías ser tú quien se aferra a su memoria y no les ha permitido continuar hacia la libertad espiritual. Si te estás aferrando a ellos, es como colocarles una larga cadena que los mantiene unidos al plano terrenal; y ellos vienen a pedirte que los dejes ir. Es posible que alguien que no sea un miembro de tu familia pueda venir a pedirte ayuda para ser liberado a la luz. Esta situación puede ocurrir cuando existe la necesidad y se crea el enlace de energía; y muchas veces sucede sin que seas consciente de ello. Los Maestros irán y traerán un alma a tu presencia para que tengan comunicación y resuelvan la situación. Otra cosa que bien puede suceder es que otras almas que pasaron y fueron cercanas a ti sabrán que pueden venir a pedirte ayuda debido a la luz interior que estarás emanando. Vendrán y pedirán ayuda para poder avanzar hacia la liberación espiritual y continuar a las escuelas de luz.

La oración presentada aquí te permitirá acceder a tus propios registros akáshicos. Debes aprender una oración diferente para abrir los registros akáshicos de otros. Por favor, ten en cuenta que hay tres niveles de entrenamiento para los registros akáshicos. Este libro cubre el primer nivel, es decir, cómo acceder a tus propios registros. En otras palabras, este libro es todo sobre TI; y la oración sagrada te ayudará a descubrir todo lo que necesitas. Éste es el primer paso y el más importante.

Continuando con la oración, la segunda parte del párrafo dice: Que canalicen a través de mí desde el reino donde ellos se encuentren para decir todo aquello que ellos decidan decir. La expresión canalicen a través de mí se refiere a usarte para pasar información. Un canal es algo que contiene un líquido que fluye. En este caso, tú eres ese canal y el líquido que fluye es la información y la energía que te dan los Maestros y Guías.

Es importante entender correctamente la expresión desde el reino donde ellos se encuentren. Esto no se refiere a los reinos de los niveles más densos de consciencia. No proviene de los planos astral, mental o emocional. La expresión se refiere a cualquier reino dentro del Akasha, cualquier reino dentro de los muchos pisos y departamentos diferentes de la Biblioteca del Congreso del Alma. Al confiar en que te has conectado profundamente con los registros, los Maestros, basados en tu pregunta, te dirán todo lo que deseen para tu mayor bien. Recuerda que una vez que tus registros akáshicos están abiertos, puedes permanecer en la energía para la sanación general, es como sentarse en el vestíbulo de la biblioteca, o puedes pedirles a los Maestros que te lleven a los Guías que son expertos en lo que necesitas y que pueden enseñarte acerca de un tema específico que te interese. Es como ir a la recepción y pedirle al bibliotecario que te dirija a la sección de la biblioteca donde puedes obtener información específica. Si eres músico, pregunta por los Guías de la música. Si eres un artista y haces vidrieras, pregunta por los Guías que son expertos en esto. Si eres un sanador y quieres aumentar tu conocimiento sobre la técnica específica que usas, entonces pregunta por aquellos Guías para que te enseñen. Las posibilidades son infinitas, todo depende de ti y de tu disposición para usar tu creatividad e imaginación.

Al finalizar el tiempo que pases en los registros akáshicos, debes dejarlos cerrados. Di en silencio o en voz alta: Agradezco a los Maestros, Guías y Seres Queridos por la información que me han dado hoy. Confío en que esta información ha sido dada para mi mayor bien. Amén. Esto es un reconocimiento, una expresión de tu gratitud por lo que has recibido.

Lo que hace la oración sagrada:

- Abre un portal, crea una frecuencia y un cambio que promueve la sanación.
- Alinea los chakras.
- Trae energías sagradas directamente al corazón.
- Expande tu campo áurico.
- Te da una mayor sensibilidad.
- Te conecta con una fuente sagrada de información.
- Te da guía e inspiración.
- Genera sentimientos puros de amor y compasión.
- Te ofrece una línea directa de comunicación con los Maestros y Guías.

Siempre recuerda:

- Haz una pequeña meditación para centrarte y enraizarte.
- Aplica la fórmula AAA de la página 168.
- Lee la oración sagrada de los registros akáshicos (no memorices la oración para no transponer accidentalmente las palabras).
- Las palabras de la oración están vivas y codificadas.
- A medida que recibimos la energía de los registros akáshicos, nos compenetramos con estos códigos.

A continuación presento la oración sagrada de los registros akáshicos en maya y en jeroglíficos mayas para darte una idea visual de cómo podría haber sido la oración original. Sin embargo, ten en cuenta que la oración original se perdió y esto es sólo a modo de ilustración.

La oración sagrada en jeroglíficos mayas

Oración sagrada en jeroglíficos mayas

La oración sagrada en maya

Ichi K'oj K'awil Naka Utom Ch'am u B'ah pakal
B'a Juntan i Juntan i Jaj Ak'e ni Ixin
Nahatir Che'n Tocot K'oj K'awil Juntan i
Jaj Utom Nak K'ub a i ni

Yaj Pasaj u Cha'n B'ah Ajaw i Olas K'uh
Caniyal B'a ni Tac Chich Man'l taanil ni
Awa't ta Ox Hun Tac A'al Ox Jajaa'cic C'atiineeb

Fórmula AAA: la manera de abrir tus registros akáshicos

La fórmula AAA es un componente esencial de los registros akáshicos. Es la forma en que nos centramos y llevamos energías sagradas al corazón. AAA significa, por sus iniciales, *alinear, armonizar y aceptar.*

El primer paso que hay que dar, una vez que estamos listos para abrir nuestros registros akáshicos, es crear un espacio sagrado. Puedes hacerlo de la forma que sea más cómoda para ti. Puedes sentarte frente a tu altar, si tienes uno, enciendes una vela, quemas incienso, te conectas a la Tierra, etc. Hacer una pequeña meditación para centrarte te ayudará. Toma una respiración profunda y suavemente centra tu atención en el corazón. Una vez que te hayas conectado con tu corazón, abre los ojos, mira hacia el suelo y poco a poco levanta la vista más allá del horizonte. Aproximadamente a treinta grados por encima del horizonte, sentirás un punto en el que tus ojos y tu corazón se conectan. Habrá un suave clic y una sensación de que tus ojos y tu corazón están conectados. Éste es un paso importante en la práctica de la meditación con los ojos abiertos. Como recordarás, mantenemos los ojos cerrados al mínimo cuando estamos en los registros akáshicos.

Desde este espacio centrado en el corazón, haz tu primera A: alinear. Alinearse se refiere a tomar conciencia de toda tu energía. Si has estado por ahí afuera, lo más probable es que sientas que estás disperso. Conscientemente, comienza a traer toda la energía a tu centro, como si estuvieras tomando toda la energía del exterior y pasándola a través de un embudo directo a tu corazón. Una vez allí, sentirás una sensación de conexión. Es como si hubiese una línea tirando de ti hacia arriba y estás centrado. Siente toda la energía reunida y centrada en tu corazón.

La segunda A es armonizar. Todo lo que haces, ya sea abriendo tus registros akáshicos, sentándote en meditación, orando o haciendo trabajo de energía, tiene una frecuencia específica. Armonizar se refiere a sintonizarse en esta frecuencia específica. Es muy parecido a una radio antigua. Uno de los diales es el del volumen y el otro es el que giras para cambiar las estaciones. Sientes la frecuencia de los registros akáshicos y comienzas a girar el dial para acercarte a ellos. Habrá un momento en el que sólo hará clic y sabrás que te has armonizado con la frecuencia del Akasha.

La tercera A es aceptar. Aceptar simplemente significa que te abres para recibir la energía, el flujo de información que viene del Akasha, sin obstáculos u objeciones. Aceptar está estrechamente relacionado con confiar; y la confianza puede ser uno de los problemas que estés trabajando. Sin confianza, aceptar será difícil, así que trabaja en ella con un corazón abierto y deja que los Maestros te guíen.

La confianza es un gran problema en nuestra sociedad. Cuando somos jóvenes, estamos programados para no confiar. Nuestros padres constantemente nos dicen que no confiemos, con razón, ante todos los casos de secuestro de niños y abuso sexual que escuchamos. Nuestro Gobierno también nos ha enseñado que no debemos confiar, especialmente después del 11 de septiembre. Nos dicen que no podemos confiar en las personas que se ven de cierta manera o son de cierta nacionalidad o religión: pueden ser terroristas. En el supermercado, la oficina postal u otro lugar público, si intentas hacer contacto visual con alguien y sonríes, la gente tiende a mirarte como diciendo: «¿Qué quieres de mí?». Esto construye la energía de falta de confianza.

Muchas veces escucho de gente que quiere venir conmigo a alguno de los talleres intensivos que imparto en cualquier parte del mundo, pero no lo hacen por falta de confianza. No confían en la aerolínea, la comida ni las personas, o no quieren viajar solos por miedo. Enormes problemas de confianza siempre están presentes. En los negocios, especialmente en un ambiente corporativo, aprendes especialmente a no confiar. Si confías, tu competidor o incluso tu compañero de trabajo robarán tus ideas y se beneficiarán, así que será mejor que las mantengas en secreto.

Algunas veces, durante mis clases, los estudiantes pueden estar fluyendo y recibiendo información maravillosa, pero luego detienen el flujo preguntándose si la información que están recibiendo realmente proviene de los Señores del Akasha. Comenzaron a cuestionar la fuente y a preguntarse si lo estaban inventando. Me dicen que la forma en que estaban recibiendo la información es similar a la forma en que la han recibido antes y esto los hace dudar de si viene del Akasha. Les digo que tiene sentido que suceda de esta manera. Estamos usando los sentidos para traducir la información y los sentidos están vinculados a la base del conocimiento que ya tenemos. Si has estudiado metafísica durante muchos años, la información llegará a ti en un lenguaje estrechamente relacionado con la metafísica. Lo mismo sucederá si eres arquitecto o ingeniero. La información se filtrará a través de tu conocimiento personal y se presentará en un lenguaje que puedas entender. Les pregunto a mis alumnos: «¿La información que estás recibiendo es beneficiosa e iluminadora?». La respuesta suele ser sí. Si éste es el caso, entonces continúa con el flujo y la confianza. Recuerda que la falta de confianza se interpondrá en el camino de aceptar.

Tal vez te estés preguntando cómo funciona el proceso de recibir la información del Akasha. Cuando abrimos nuestros registros akáshicos, estamos accediendo a una frecuencia muy alta y tenemos que adaptarnos a ella. La frecuencia o energía lentamente desciende a nuestro octavo chakra. El octavo chakra es el primero de los chakras transpersonales (explicaré los chakras con más profundidad en el capítulo 20). La energía lentamente baja para abrir nuestro séptimo chakra, entrando en la corona como una cascada suave que continúa descendiendo hacia nuestro corazón.

Una vez que la energía alcanza el nivel físico, incluso en el sutil nivel del séptimo chakra, comenzamos a usar nuestros sentidos para decodificar la información. Cuando la energía entra a tu octavo chakra, está codificada como geometría sagrada o lenguaje de luz. Ésta es la forma en que el Espíritu se comunica con nosotros. Estoy seguro de que has visto pinturas de artistas renacentistas como Giotto di Bondone o Botticelli, o tal vez de artistas modernos como Alex Gray, en las que se representa una aureola alrededor de la cabeza de una persona. La aureola representa la luz que desciende alrededor del chakra corona. A partir de este punto, ocurre la decodificación de la información. Algunas veces, incluso, puedes ver palabras de fuego que lucen como escritas en hebreo, sánscrito o hindi dentro de la aureola.

Usamos nuestros sentidos para ayudarnos a crear pensamientos, imágenes mentales y palabras, para que podamos describir y escribir la información que recibimos. Como no hay dos personas iguales, no hay dos personas que recibirán la información exactamente de la misma manera. Si eres auditivo, podrás escuchar la información como palabras. Si eres visual, podrás ver la información como imágenes. Si eres táctil o puedes sentir la energía, podrás sentir la información que recibes. Éstos son los sentidos que predominantemente las personas han desarrollado para conectarse con el Espíritu. Sin embargo, esto no significa que los otros dos sentidos no puedan desarrollarse para que tengas una forma más completa de recibir información del Akasha. El olfato y el gusto aumentarán a medida que trabajas con los registros, dándote una dimensión más completa de la información que estás recibiendo.

La mayoría de las personas tiene un sentido más desarrollado que otros, pero todos los usamos de la misma manera. Los abrimos y los afinamos para recibir la información del Akasha. Si comienzas obteniendo tu información visualmente y quieres desarrollar tus otros sentidos, pide a los Maestros y Guías que empiecen a aumentar el volumen de tus otros sentidos mientras estás en tus registros. Si lo haces, pide que se haga suave y fácilmente. Vamos a crear una escala de uno a diez, siendo uno muy bajo y diez la máxima potencia. Si tu audición está en ocho y tus otros sentidos están bajos, a dos, tres o incluso a menos, a medida que permanezcas en la energía de los registros sentirás cómo gradualmente los otros sentidos comienzan a entrar en juego. Cuando todos tus sentidos están en el mismo nivel, tu experiencia en los registros akáshicos tendrá un sabor diferente. Experimentarás una forma más extraordinaria y completa de recibir, llevándote al siguiente nivel de tu conexión con los Maestros y Guías, y dándote más cada vez que abras tus registros akáshicos.

Ésta es una herramienta invaluable cuando aprendas cómo abrir los registros akáshicos de otros, porque hará que la información que estás canalizando para ellos sea más accesible y completa. Sin embargo, éste es el material de nivel dos y, en este momento, lo más importante es aprender a abrir tus propios registros akáshicos para la sanación y el crecimiento personal. Por ahora todo se trata de ti, porque debes crear el espacio que te permitirá interactuar con otros. Primero debes sanarte, explorar las profundidades de tu psique y crear una fuerte relación con el Akasha.

El proceso que he descrito se puede llamar canalización. La canalización es algo que hacemos de la misma manera que siendo niños nos comunicamos con nuestros amigos invisibles. Es natural, es parte del equipo básico con el que todos nacemos. Poco a poco, nos olvidamos. Comenzamos a crear separación, capas que son como filtros que eventualmente detienen el flujo por completo. El trabajo del canalizador es muy similar al del traductor o intérprete. Simplemente se permite sentir la comunicación del Espíritu. El canalizador atribuye palabras a la información que recibe para su propia comprensión y la de los demás.

En este punto, estoy seguro de que a muchos de vosotros os gustaría abrir vuestros registros akáshicos aunque no hayáis terminado el libro. Esto es comprensible, ya que tienes la oración sagrada, el método y la fórmula AAA. Si vas a aventurarte y vas a abrir tus registros, te sugiero que vayas al capítulo 23 y respondas la pregunta número uno. Ésta es la primera pregunta que formulo a los grupos cuando estoy enseñando, y creo que es una pregunta maravillosa para que podáis explorar.

Así es como se debe explorar la pregunta:

1. Escribe la pregunta en un pedazo de papel y contéstala. Sí, sólo así, sin tener tus registros abiertos.
2. Escribe durante 4 o 5 minutos aproximadamente y luego detente.
3. Céntrate. Haz una pequeña meditación para centrarte y aplica la fórmula AAA de la página 168.
4. Una vez que estés listo, abre tus registros.
5. Lee la pregunta de nuevo y respóndela. Encontrarás un flujo de comunicación o información que fluye sin esfuerzo. Podrás sentir el cambio de energía debido a que estás en los registros. Escribe durante aproximadamente 15 minutos, luego detente y cierra tus registros.

Dependiendo de la forma en que recibas la información, podrás ver, sentir o escuchar a los Maestros. La mayoría de las personas comienzan a escribir como si alguien estuviera susurrando palabras en sus oídos o proyectando una película frente a ellos y lo único que hacen es describirla en el papel. Después de esta pregunta inicial, estás solo. Te suelto de la mano y te dejo explorar, esto te permite crear una relación personal con los Maestros y Guías. Confío plenamente en que esta aventura será increíblemente gratificante en tu vida. Sin embargo, si me necesitas, siempre estoy cerca.

Las otras cuatro oraciones

Oración del perdón

Si hay alguien o algo que me haya herido en el pasado, consciente o inconscientemente, lo perdono y lo libero.
Si yo herí a alguien o a algo en el pasado, consciente o inconscientemente, lo perdono y lo libero.
Si yo me herí a mí mismo en el pasado, consciente o inconscientemente, me perdono y me libero.

El poder de sanación de esta oración es ilimitado. Tu pasado comprende todo lo anterior a la respiración que estás tomando en este momento. Si haces esta oración al final del día, limpiarás la energía del día de todas estos fragmentos de negatividad que construyen los muros de separación dentro de nosotros. Trabajar con esta oración durante 33 días consecutivos ha demostrado, en muchos casos, sanar insuperables abismos de dolor y separación en las relaciones con uno mismo, con Dios y con otras personas y situaciones en nuestras vidas. Ni siquiera tenemos que saber lo que hay allí, sólo tenemos que estar dispuestos a perdonar. El perdón es la clave que abre las compuertas del amor y la compasión.

Oración para liberarnos de influencias externas

Si lo que yo estoy experimentando no es mío, pido a Dios que coloque su escudo protector alrededor mío y yo libero lo que sea hacia Él, para el mayor bien de todos los involucrados.

Esta oración se puede usar en cualquier momento en que uno sienta una sensación física (somática/emocional/mental) que puede ser empáticamente tomada de otra persona. La absorción empática se realiza en un esfuerzo para comprender o aliviar la carga o el dolor de otra persona. Esta acción inconsciente no es un servicio a Dios, ni a otros, ni tampoco a ti. Utiliza esta conciencia para ayudar a esa persona y ayudarte a ti mismo a liberarlo todo hacia Dios. Ahí radica la sanación.

Oración por los seres queridos y entidades

Padre / Madre / Dios, pedimos que esta entidad / alma sea enviada a su evolución espiritual para el mayor bien y el beneficio mutuo de todos los interesados.

Algunas veces, cuando abrimos los registros, podemos sentir que hay un bloqueo o una interferencia en la conexión con la información disponible. Esta oración libera esa energía de regreso a Dios para que la información pueda fluir sin obstáculos. Una entidad es una forma de energía que se siente atraída por la luz. No es una forma que intenta entrar o poseer tu cuerpo. Una entidad puede ser parte de una adicción que viene a tomar tu luz. Un alma es la energía de un ser querido que puede estar buscando resolver algo con una persona para poder continuar con su camino evolutivo. Esta oración también se puede usar a nivel personal para liberar cualquier energía que interfiera con tu propia evolución o avance personal.

Oración para la limpieza personal

Pido a Dios su escudo de Amor
y Luz para iluminar mi camino.
Pido claridad para que pueda
ver con mi visión interna y externa
y despejar todas las obstrucciones
y los obstáculos de mi vida.

Ésta es una oración poderosa que se puede usar para eliminar patrones de interferencia. Úsala antes de abrir tus registros akáshicos para centrarte, darte claridad y para despejar todo lo que pueda interferir en el camino de conectarte profundamente con los registros.

Las cuatro oraciones presentadas aquí se pueden usar dentro o fuera de los registros akáshicos. Si te encuentras en una situación que requiera atención inmediata y no tienes tiempo o no quieres abrir tus registros akáshicos, puedes usar estas oraciones de manera efectiva.

Capítulo 20

Chakras

Dentro de cada cuerpo viviente, se encuentra una serie de campos de energía, muy parecidos a los generadores, llamados chakras. Se manifiestan en un nivel sutil más que en el nivel denso o físico. Las culturas asiáticas conocen estos centros desde hace más de 2000 años, pero es sólo en las últimas décadas cuando esta información ha llegado a Occidente. En sánscrito, la palabra *chakra* significa rueda y se concibe como una rueda giratoria. En la ilustración de la página 194 se puede ver que estos centros de energía se encuentran dentro del cuerpo, en la parte frontal y posterior de la columna vertebral. Cada chakra tiene un color y vibra a una frecuencia específica. En nuestro trabajo con los registros akáshicos, nos dirigimos a estos centros de energía. Podemos energizar y equilibrar los chakras, directa o indirectamente, mientras hacemos nuestro trabajo, con el uso de la intención y la asistencia de la energía akáshica.

Una de las funciones de la energía de los registros akáshicos es alinear tus chakras a medida que desciende por tu cuerpo. Puedes visualizar esta energía como una luz líquida que pasa a través de ti para alinear todos tus centros de energía. Es útil entender los conceptos básicos de los chakras, incluidas sus funciones y cualidades que se manifiestan cuando están poco activos o hiperactivos. Si aprendes la función y relación de cada chakra con el cuerpo humano, entonces podrás conectarlo con el tipo de relación que tienes con la vida misma. Usando los registros akáshicos, puedes crear una línea de preguntas acerca de tu relación con tus chakras. Por ejemplo, puedes preguntar cuál es tu relación con el mundo a través de tu primer chakra y, luego, explorar la forma en que te relacionas con la supervivencia física, la salud y otros aspectos de la vida relacionados con el primer chakra. Más tarde, te proporcionaré algunas preguntas que te ayudarán a desarrollar este arte y a profundizar en tu experiencia.

Al observar el diagrama de la página 194, puedes ver que los chakras funcionan tanto de forma independiente como relacionados entre ellos. Por ejemplo, el 1° y 7° chakras trabajan juntos, y tener estos centros en equilibrio une al cielo y la tierra. En el diagrama, puedes notar el tubo que alberga los chakras en la mitad del cuerpo, recorriendo de arriba a abajo del 1° al 7° chakra. Este tubo se llama sushumna, y es el canal central de energía. Está asociado con Saraswati, la diosa del conocimiento, la música y las artes en el hinduismo. Ella es la consorte de Brahma, el Creador. Este canal también se conoce como el saco dural. Este tubo conecta el sacro con el cráneo. El fluido cefalorraquídeo fluye a través de él durante veinticuatro horas al día desde el nacimiento hasta la muerte.

El 2° y 6° chakras trabajan juntos. La energía creativa entra en el 2° chakra y fluye directamente hacia el 6° chakra, el tercer ojo, para expresarse. El 3° y 5° chakras trabajan juntos. El 3° chakra es la sede de las emociones y, a medida que se acumulan, hay necesidad de expresarlas. La energía se mueve al 5° chakra, la garganta, para ser liberado a través de la expresión. El 4° chakra es el maestro, el director de toda la energía en el sistema. Es el único chakra que funciona solo. Irradia energía hacia arriba o abajo del cuerpo para una conexión más profunda con la Tierra o lo Divino. El 4° chakra tiene dos cámaras: la cámara superior del corazón, que nos conecta con el Amor Divino, y la cámara inferior, que nos conecta con el amor humano.

LOS PRINCIPALES CHAKRAS

Primer chakra: base o raíz

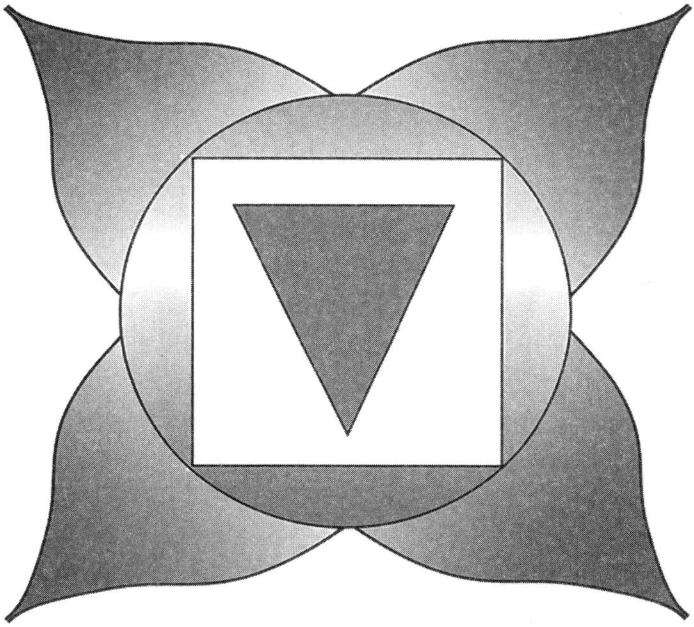

Primer chakra: base o raíz

El primer chakra es rojo y se ubica en la base de la columna vertebral. Es el chakra más cercano a la tierra; es el centro raíz de la experiencia física. Los temas básicos y los temores de este chakra giran en torno a la seguridad, la alimentación y el refugio; éstas son nuestros preocupaciones fundamentales acerca de la supervivencia física. Nuestros temores sobre la supervivencia física, el abandono y la pérdida de facultades físicas influyen en nuestros procesos diarios del pensamiento. Entonces, la función principal de este chakra es la seguridad de nuestra existencia física. Esto involucra a nuestra familia física, la seguridad de nuestros amigos y seres queridos, y la capacidad de satisfacer las necesidades de la vida. Controla el mecanismo de lucha o huida. Es el chakra de la supervivencia física.

Psicológicamente, éste es el centro del ego alterado: aquí estás interesado en tus propios pensamientos y sentimientos, a veces con exclusión o indiferencia hacia los de los demás; así que todo gira en torno a ti. Tu supervivencia y tus posesiones son lo primero, y es mejor si nadie se interpone en tu camino porque creas una realidad para conquistar el mundo: tú quieres controlar y atesorar. Uno de los principales problemas del individuo que actúa desde la motivación del primer chakra es el comportamiento violento basado en la inseguridad y los temores sobre sus necesidades básicas.

Segundo chakra: sacro o del ombligo

Segundo chakra: sacro o del ombligo

El segundo chakra es anaranjado y se ubica entre la base de la columna vertebral y el ombligo. Representa nuestra sexualidad, los impulsos sexuales y la creatividad. El foco de atención de este chakra se dirige hacia los deseos y fantasías sensuales. La energía sexual está conectada principalmente a este chakra: es el centro de la procreación. Cuando actuamos principalmente desde este chakra, vemos el mundo en términos de nuestros deseos, y nuestra principal motivación es asegurarnos de que nuestros deseos sean satisfechos. Y nuestro deseo principal son las relaciones.

La energía en este chakra está conectada con el cerebro reptiliano primario, en la base del cráneo, que emerge de la columna vertebral. La principal responsabilidad de esta parte de nuestro cerebro es garantizar la supervivencia y asegurar la conservación física, el dominio y el apareamiento. Es evidente que tanto el primer como el segundo chakra están íntimamente conectados.

Tercer chakra: plexo solar

Imagen 10. Tercer chakra: plexo solar

El tercer chakra es amarillo y está ubicado en el área del plexo solar, entre el ombligo y la espalda. Éste es el asiento de las emociones personales, sentimientos de poder personal, ira y hostilidad. Nuestra intuición está almacenada aquí y se dice que es el centro de la intuición psíquico-etérea, donde se ubica la vida emocional. No es casualidad que usemos la frase «tener una corazonada».

Un individuo que tiene una personalidad dominante del tercer chakra es alguien que utiliza el fuego y el intelecto para alcanzar sus metas de manera extremadamente competitiva, asertiva y valiente sin tomar en cuenta las consecuencias. Cuando se es dominado inconscientemente por las pasiones de este chakra, el individuo comienza a sacrificar familia y amigos en su búsqueda de poder, respeto y reconocimiento. La energía del tercer chakra fuera de equilibrio da como resultado una persona que está dispuesta atropellar a otros para lograr sus fines. El control de los demás se logra a través del miedo, la violencia, la ira, los resentimientos, la venganza y las emociones alteradas. Para personas con un desequilibrio en el tercer chakra, nunca hay suficiente fama, fortuna, poder y control sobre otros y su entorno físico.

Cuarto chakra: del corazón

Cuarto chakra: del corazón

El cuarto chakra está dividido en dos segmentos: la cámara superior y la cámara inferior del corazón. El chakra del corazón se ubica en el centro de nuestro pecho, no donde el corazón físico se encuentra. La cámara inferior del corazón es el segmento del chakra que nos conecta con el amor humano, y su color es verde. La cámara superior del corazón es el centro que nos conecta con el Amor Divino, y su color es rosa. En el medio de las dos cámaras hay un altar, la cámara secreta del corazón llamada Chante Ishta en lakota: el centro o el ojo del corazón. Es en este altar donde tenemos la triple llama, una pequeña llama con tres plumas: Amor, Sabiduría y Poder. Si tenemos una triple llama equilibrada, tenemos una vida equilibrada.

- El *Chante Ishta* es el lugar de unión entre los chakras superiores e inferiores.
- El chakra del corazón como un todo es el centro del amor, la armonía y la paz, y a través de este chakra nos enamoramos.

Aunque en definitiva nos enamoramos a través del cuarto chakra, no es así como sentimos la atracción por primera vez. Primero, vemos a alguien que nos gusta y esa energía se registra en el segundo chakra, el centro de la atracción y la pasión. Tenemos la oportunidad de conocer a esta persona y comenzamos una amistad. Los sentimientos comienzan a desarrollarse y la energía se mueve hacia el tercer chakra, el centro de los sentimientos y las emociones. A medida que esos sentimientos crecen, la energía se mueve hacia la cámara inferior del corazón. Ahora lo que sentimos lo identificamos como amor. Tarde o temprano, esa energía se mueve hacia el quinto chakra, el centro de la autoexpresión, y tenemos que expresar lo que sentimos en el corazón. Si tenemos suerte, la otra persona aceptará lo que estamos expresando con un corazón abierto y ella te dirá que siente lo mismo. A medida que pasa el tiempo, la energía se mueve hacia el sexto chakra, el centro de visión. Comenzamos a crear las imágenes del futuro. Si tienes un compañero que comparte una vida espiritual, serás capaz de mover la energía al séptimo chakra para conectarse a un nivel profundo, íntimo y espiritual. A medida que todo esto sucede, la energía del chakra corona envía una señal al primer chakra para anclar la experiencia en el plano físico. Toda la energía retorna al corazón para la unión completa entre las cámaras superior e inferior del corazón. Ten en cuenta que a medida que la relación progresa, las energías se moverán continuamente a través de todos los chakras, creando impresiones particulares en los chakras donde tienes una conexión más profunda con tu pareja.

La cámara superior del corazón está reservada para tu conexión con la divinidad. Aquí es donde oras profundamente, meditas y te conectas con tus Seres Queridos y Guías Espirituales. Aquí es donde desarrollas una relación con los Señores del Akasha, y disfrutas de una experiencia espiritual valiosa.

En esta unión y cuando elevamos nuestra energía consciente al chakra del corazón, ponemos un pie en el verdadero camino espiritual. Este chakra es una matriz de energía afectuosa y amorosa y el asiento de las emociones más elevadas del amor, compasión, bondad y empatía. Viviendo conscientemente cada día desde el corazón, nuestra energía, pensamientos y acciones nos ayudan a trascender los problemas de los chakras inferiores que nos pueden mantener para siempre en el samsara.

Aquí podemos lograr un equilibrio integrado entre los tres chakras inferiores y los tres chakras superiores. Cuando aprendemos a actuar desde el corazón y creamos una práctica centrada en el corazón, como con los registros akáshicos, podemos limpiar aquello que nos detiene, los apegos se desvanecen y la verdadera compasión emerge en nuestras vidas.

Nuestro corazón late aproximadamente 72 veces por minuto, llegando hasta 100 000 latidos por día. Entre cinco a seis litros de sangre circulan por más de 100 000 kilómetros de venas, arterias y capilares cada minuto. Cuando aprendemos a meditar desde el corazón, cuando estamos dispuestos a mirar de cerca la relación que tenemos con este chakra y liberar y sanar todas las heridas asociadas con el corazón, lo que descubrimos es que el chakra del corazón tiene una influencia muy profunda en nuestra salud en general. Regula nuestra respiración, los latidos del corazón y la circulación de la sangre. Es en este chakra donde la sangre y el aire (prana) se unen, y esto mantiene el cuerpo y la mente energizados y purificados. A medida que el corazón bombea, genera el campo electromagnético más fuerte producido por el cuerpo. Estas ondas electromagnéticas hacen vibrar los 60 billones de células del cuerpo en un promedio de 60 a 70 veces por minuto. Estas frecuencias de los latidos del corazón son entre 100 y 1000 veces mayores que las frecuencias electromagnéticas de nuestras ondas cerebrales. La irradiación de estas ondas electromagnéticas pueden ser detectadas y medidas hasta 120 centímetros fuera del cuerpo. Imagina el impacto que puedes tener en el mundo si conscientemente desarrollas la sabiduría de tu corazón.

Quiero asegurarme de que sabes cómo funcionan los chakras en parejas. El 1° y 7° chakras trabajan juntos; el 2° y 6° trabajan juntos; el 3° y 5° trabajan juntos. El 4°, el chakra del corazón, funciona por sí solo al mover la energía hacia arriba y hacia abajo en sus dos cámaras y, al mismo tiempo, es el maestro de todos. En definitiva, toda la energía se une en el corazón.

Al final de este capítulo, compartiré contigo una hermosa práctica de meditación que te ayudará a purificar tu corazón y traer más amor y compasión a tu vida.

Quinto chakra: garganta

Quinto chakra: garganta

El quinto chakra se encuentra en la garganta y su color es azul. Es el centro de la comunicación, la autoexpresión y el juicio. Si experimentas algún problema con la garganta, puedes dibujar el color azul en esta área y te ayudará a decir lo que necesitas decir. El quinto chakra necesita mucha atención y sanación, pues ha sido abusado y mal utilizado durante siglos. Las sociedades patriarcales que se han desarrollado en los últimos siglos han suprimido la divinidad femenina. Los hombres sobreutilizaron y abusaron de este chakra, mientras que las mujeres lo han usado menos por temor a perder sus vidas. Desafortunadamente, este patrón todavía prevalece en muchas culturas en la actualidad.

El quinto chakra puede ser entendido y relacionado con la comunicación y el crecimiento a través de la expresión. La emoción del quinto chakra es fe y entendimiento. Este chakra es paralelo a la tiroides, una glándula que produce la hormona responsable del crecimiento y la madurez. Este chakra físicamente gobierna la comunicación, emocionalmente gobierna la independencia, mentalmente gobierna el pensamiento fluido y espiritualmente gobierna el sentido de seguridad. Juega un papel importante en el arte de soñar lúcido, cantar, tonificar y hablar con convicción y verdad. Las vibraciones de todas estas actividades afectan al cuerpo hasta el nivel celular.

Éste es el primero de los chakras que se enfoca principalmente en el plano espiritual. El cuarto chakra es espiritual, pero también es el puente entre los chakras inferiores que se centran en la Tierra y los chakras superiores que se ocupan de la espiritualidad.

Sexto chakra: el tercer ojo o entrecejo

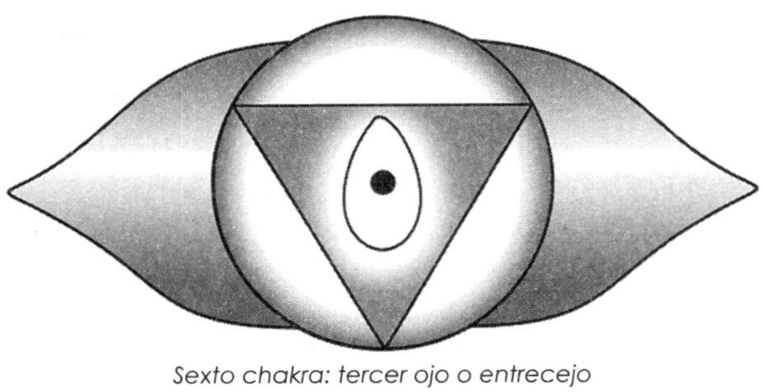

Sexto chakra: tercer ojo o entrecejo

El sexto chakra se ubica en el centro de la frente y su color es índigo. Este chakra se usa para cuestionar la naturaleza espiritual de nuestras vidas. Nuestra visión interior está contenida aquí, incluyendo dones internos de clarividencia, sabiduría y percepción. Las visiones y los sueños de nuestras vidas se llevan a cabo en este chakra.

Este chakra está simbolizado por una flor de loto de dos pétalos. Es en este punto donde se dice que las dos partes, nadis ida y pingala, terminan y se fusionan con el canal central sushumna, lo que significa el final de la dualidad.

Cada vez que respiramos, tanto el aire como el éter viajan a lo largo del nervio ida o del nervio pingala, y después de circular hacia arriba y hacia abajo, atraviesan las fosas nasales. El nervio ida comienza en la fosa nasal izquierda, en la raíz de la nariz, justo donde la fosa nasal izquierda converge con la derecha, pasa a través del cerebelo y el bulbo raquídeo, corre a lo largo del lado izquierdo de la médula espinal y termina en el extremo inferior de la columna vertebral. Similarmente, el nervio pingala comienza desde la fosa nasal derecha, pasa a través del cerebelo y el bulbo raquídeo, corre por el lado derecho de la columna vertebral y termina en la base. Dentro de la raíz de la nariz, donde las dos fosas nasales se unen y donde ida y pingala comienzan, está uno de los puntos vitales del cuerpo.

El sushumna es un canal. Aunque no está directamente conectado con ninguna de las fosas nasales, comienza en la base del cerebro, es decir, en el bulbo raquídeo, corre por la cavidad central de la columna vertebral y termina en el coxis, donde pingala, ida y sushumna se conectan. El sushumna también se conoce como el tubo dural que alberga la médula espinal.

La sílaba semilla para este chakra es la sílaba OM, y es aquí donde podemos equilibrar nuestras energías masculina y femenina. Este chakra también se conoce como chakra del tercer ojo y está vinculado a la glándula pineal, la cual nos permite crear lo que vemos dentro de nosotros mismos. La glándula pineal es una glándula sensible a la luz y produce la hormona melatonina que regula el sueño y el despertar. Este chakra permite equilibrar el ser superior y el inferior y confiar en la guía interna. El aspecto interno del tercer ojo se relaciona con el acceso de la intuición. Mentalmente, también se ocupa de la conciencia visual. Emocionalmente, el tercer ojo trata sobre la claridad a un nivel intuitivo.

Séptimo chakra: corona

Séptimo chakra: corona

El séptimo chakra está ubicado en la parte superior de nuestra cabeza y su color es violeta o blanco. Éste es el chakra del propósito divino, el chakra del destino. Es la puerta de entrada al Espíritu y a los chakras transpersonales. Equilibra el interior y el exterior, reuniéndolos en un todo armonioso. En sánscrito, este chakra se llama sahasrara, que significa «loto de mil pétalos». Se considera el chakra de consciencia pura; este chakra no tiene sonido, es silencio completo. Cuando la energía masculina y femenina aumentan en pureza desde la base de la columna vertebral, un estado de liberación ocurre al llegar la energía al séptimo chakra; para muchos, esto es la elevación de Kundalini y simboliza la energía de Shiva y Shakti uniéndose como una sola. Este chakra se ocupa de la sabiduría interna y la muerte del cuerpo, desde donde podemos alcanzar la liberación en el momento de la muerte.

El aspecto interno de sahasrara se ocupa de la liberación del karma, la acción física con meditación, la acción mental con consciencia universal y unidad, y la acción emocional con un estado puro del Ser.

En el budismo tibetano, el punto en la coronilla está representado por un círculo blanco. Es de primordial importancia en el desempeño de la práctica phowa o proyección de la conciencia después de la muerte para obtener el renacimiento en una Tierra Pura. Cuando este chakra está abierto gracias a la práctica de phowa, el individuo puede tener una pequeña protuberancia, una gota de sangre o una abertura en la parte superior de la corona, donde se puede insertar una pequeña brizna de pasto.

El octavo chakra y más arriba

El octavo chakra y los de más arriba son los chakras transpersonales, nuestra verdadera conexión con lo Divino, con los Maestros y Guías. De estos chakras, experimentamos gracia, éxtasis y una unión espiritual con Dios.

Cualidades de los chakras

Primer chakra (rojo)

El primer chakra se ubica al nivel del coxis, trae vitalidad o fuerza vital al cuerpo. Controla la conciencia de supervivencia y el bienestar.

Hiperactivo:	**Poco activo:**
Paranoia	Apatía
Agresión	Debilidad
Manías	Depresión
Nerviosismo	Pasividad
Miedo	Autodestrucción

Para equilibrar: cierra tus ojos y centra tu atención directamente en este centro de energía. Con tu imaginación, mira este centro rojo, brillante y ardiente, de aproximadamente diez centímetros de diámetro, girando de manera uniforme y suave como una esfera perfectamente equilibrada en la base de tu columna vertebral. Visualiza esta esfera atrayendo energía consciente para estimular bienestar físico, salud, amor propio y vitalidad. Imagina una sensación de seguridad profunda recorriendo cada célula de tu cuerpo, que te deja tranquilo, confiado y protegido.

Segundo chakra (naranja)

El segundo chakra, ubicado al nivel de los órganos sexuales, se enfoca en el plano físico y los sentidos de la carne. Es el asiento de la sensualidad, la emoción, el placer y la creatividad. Cuando el segundo chakra se encuentra equilibrado, la persona goza de la vida, se siente feliz, disfruta mucho de las experiencias sensuales y es creativo.

Hiperactivo:	**Poco activo:**
Codicia	Desinterés
Adicción	Sentimientos reprimidos
Ansiedad	Autoprivación
Compulsividad	Depresión
Frustración	Negación del placer corporal

Para equilibrar: cierra tus ojos y coloca tu atención en la zona media entre el ombligo y el coxis. En tu imaginación, observa este centro de energía naranja intenso girando y girando en perfecto equilibrio. A medida que gira, percibe cómo calienta todo tu cuerpo y te llena de autoestima y placer. Permite que la energía fluya a través de ti y dentro de cada célula de tu cuerpo, calentando y abrasando todos los lugares oscuros, tensos y fríos.

Tercer chakra (amarillo)

El tercer chakra está ubicado al nivel del plexo solar. Es el asiento de las emociones y conecta el sentimiento con la voluntad personal. Es el lugar del enfoque, la decisión, la determinación y la fuerza de voluntad. Cuando este chakra se encuentra equilibrado, la persona se siente confiada, decidida, enfocada y comprometida con su camino.

Hiperactivo:	**Poco activo:**
Subjetividad	Confusión e insipidez
Autoritarismo	Incapacidad de concentrarse
Mente cerrada	Ingenuidad

Trato brusco	Pasividad
Dictadura	Olvido-ignorancia

Para equilibrar: cierra tus ojos y pon atención en tu ombligo, el centro de tu cuerpo. Con tu imaginación, observa un radiante sol amarillo irradiando con mucho brillo. Imagina que está girando de una manera perfectamente equilibrada. Mientras gira, visualiza que la energía de guía, confianza, apoyo y concentración son atraídas hacia ti. Permite que esta vitalidad llene cada célula de tu cuerpo y te lleve hacia el mayor bien posible, libre de cualquier carga emocional.

Cuarto chakra (verde)

El cuarto chakra está ubicado al nivel de tu corazón, en la mitad de tu pecho. Te conecta con las vibraciones de amor, seguridad, satisfacción y benevolencia. Es el asiento del alma, la ubicación del altar sagrado del corazón y el centro del amor en tu conciencia. El amor es siempre paciente, tranquilo, generoso y amable. Se acepta a sí mismo y a los demás.

Chakra del corazón abierto:	**Chakra del corazón cerrado:**
Equilibrio	Tristeza
Paciencia	Soledad
Bondad	Sospecha
Generosidad	Necesidad de otros
Paz	Posesividad
Humor	Autoritarismo
Perdón	Codicia

Si el chakra del corazón está abierto, irradia amor y genera conexión con personas, animales y con el planeta como un todo. El chakra del corazón irradia la calidez del amor, y esta calidez puede sentirse a través de las manos. Para equilibrar el chakra del corazón, lleva toda tu atención a tu corazón y visualiza un color verde vibrante. Imagina una esfera de aproximadamente ocho centímetros de diámetro, y permite que gire suavemente, creciendo y volviéndose más cálida. A medida que el chakra gana ímpetu en su giro, siente cómo atrae una energía relajante de sanación, fundiendo todos los miedos y heridas y reemplazándolos con vibraciones de amor y empatía. Siente la energía de los Maestros y Guías y el amor incondicional que ellos te dan. Tómalo, así más adelante podrás compartirlo con el mundo.

Quinto chakra (azul)

El quinto chakra está ubicado al nivel de la garganta y controla la conciencia psíquica de la audición. Esto incluye telepatía así como escuchar la sabia guía de tu alma. Esta habilidad es llamada clariaudiencia.

Hiperactivo:	**Poco activo:**
Distracción	Deshonestidad
Negatividad	Obstinación
Resentimiento	Hostilidad
Preocupación por los demás	Confusión
Ingenuidad	Expresión reprimida
Lenguaje ofensivo	

Para equilibrar: dirige tu atención al centro de tu garganta y visualiza una esfera azul vibrante girando en perfecto equilibrio. A medida que esta esfera gira, imagina que atrae la energía para permitirte hablar con claridad, resonando sólo con las más altas, honestas y amorosas palabras e ideas. Visualiza la energía divina calmando tu garganta, guiando tanto las palabras internas como las expresadas verbalmente para tu mayor bien.

Sexto chakra (azul índigo)

El sexto chakra vibra con el color de un cielo azul índigo profundo. Se ubica al nivel de las cejas, en el centro de tu frente, y también se conoce como el tercer ojo. Este chakra gobierna la imaginación, las ideas brillantes, la visualización y la conciencia psíquica llamada clarividencia. Esto le da la capacidad de ver auras, chakras y guías espirituales.

Hiperactivo:	**Poco activo:**
Alucinación	Falta de imaginación
Paranoia	Insensibilidad
Somnolencia diurna	Ensimismamiento
Tendencia a desconectarse	Mente cerrada

Para equilibrar: centra tu imaginación en el área de la frente entre tus ojos y visualiza una bella esfera azul índigo de aproximadamente dieciocho centímetros de diámetro girando suavemente. A medida que la esfera gira, visualiza que llena tu mente con hermosas imágenes sanadoras. Imagínate jugando en un campo de amapolas como un niño de espíritu libre. Ahora imagina que tu alma te observa con amorosa energía y profundo afecto. No fuerces esta imagen. Más bien, déjala que surja suavemente y luego se desvanezca en una pantalla mental azul índigo.

Séptimo chakra (violeta / blanco)

El séptimo chakra, también llamado el chakra corona, se encuentra en el punto más alto de nuestro cuerpo, en la coronilla de la cabeza. Este chakra está conectado a la glándula pineal y gobierna la conciencia del despertar espiritual, la sabiduría interna y la iluminación. Abrir el séptimo chakra puede traer energías sagradas al corazón. La meditación regular, la oración y abrir los registros akáshicos pueden ayudar a abrir y activar este centro. Esta apertura se puede mantener si el deseo es verdadero y la intención permanece centrada en el amor, la compasión y el servicio.

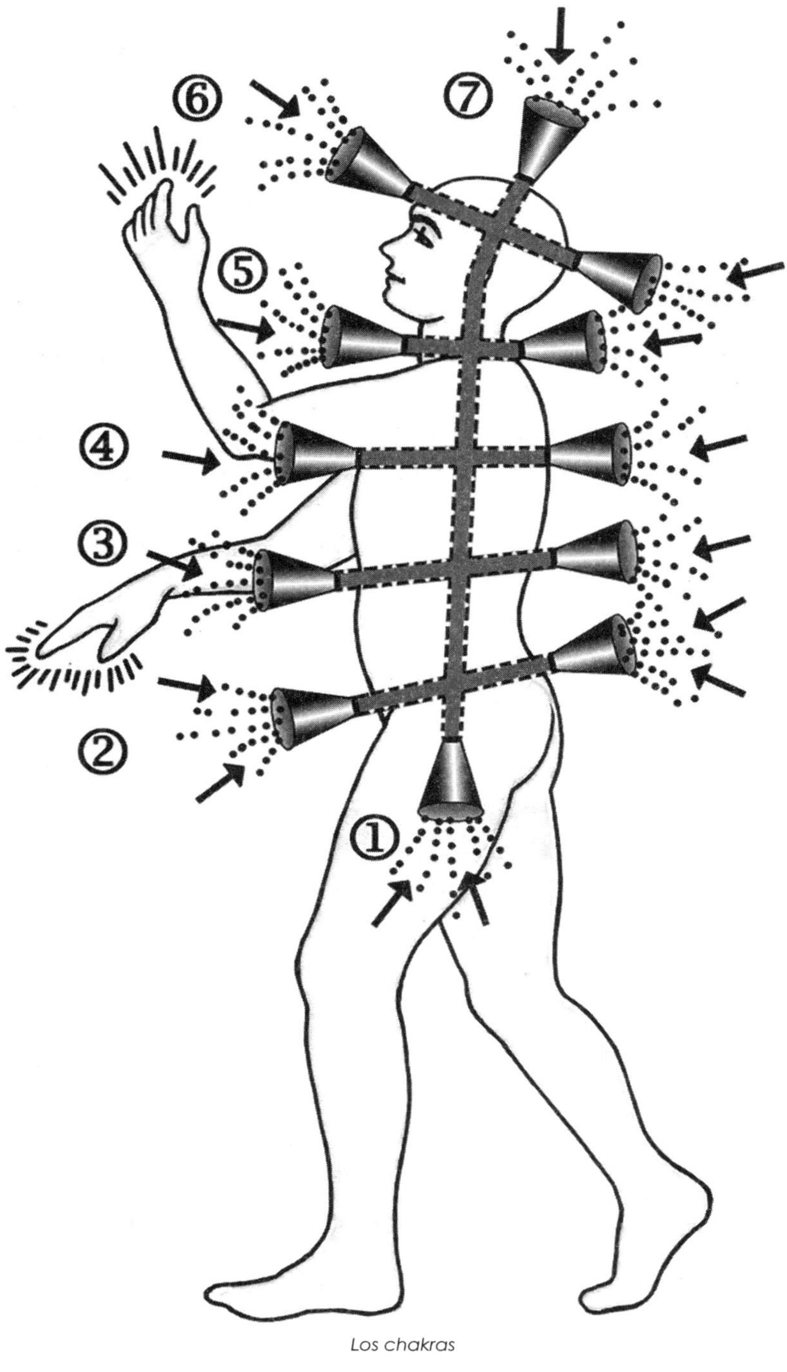

Los chakras

Meditación del chakra del corazón

La siguiente meditación viene de HH Sogyal Rimpoché y está basada en la práctica budista tibetana de tonglen.

Tonglen es la práctica de tomar el sufrimiento y el dolor de los demás y darles nuestra felicidad, bienestar y paz mental. Tonglen utiliza la respiración. Como Gueshe Chekhawa escribió: «Dar y recibir se debe practicar alternativamente, esta alternancia debe colocarse en el medio de la respiración».

Me imagino que algunos de vosotros podéis estar pensando en lo difícil que debe ser tomar el dolor y el sufrimiento de los demás sin antes fortalecer vuestras propias habilidades de bondad, amor, confianza y compasión. Es vuestra relación y confianza con los Maestros de los registros akáshicos lo que os dará la confianza en esta práctica y el poder de transmutar el dolor y el sufrimiento en felicidad y bienestar.

Asegúrate de practicar primero con las personas que conoces, con amigos y familiares, antes de trasladar tu práctica a otras personas o a quienes estén realmente enfermos, con dolor y mucho sufrimiento.

En tonglen asumimos, a través de un corazón compasivo, todas las diversas condiciones que hacen sufrir a las personas. Podemos tomar todo el sufrimiento físico y mental, miedos, frustración, dolor, ira, culpa, amargura, duda y rabia, y darles, a través del amor y un corazón abierto, toda nuestra felicidad, bienestar, paz mental, sanación, amor y satisfacción para sus vidas.

Un poderoso secreto

Posiblemente te estés preguntando: «Si tomo el dolor y el sufrimiento de los demás, ¿no me arriesgaré a dañarme a mí mismo?». Si sientes que no tienes la capacidad en este momento para hacerlo, si no tienes la fuerza, el coraje y la compasión para hacer esta práctica, no te preocupes. Sólo imagínate a ti mismo haciéndolo, diciendo en tu mente: mientras inhalo, estoy asumiendo el sufrimiento de mi amigo; mientras exhalo, le estoy dando felicidad, amor y paz. Con sólo hacer este simple ejercicio de respiración, te inspirarás y construirás la confianza para que puedas practicar con mayor profundidad.

Recuerda, cualquier sentimiento que generes debe ser primero tuyo. Entonces, al generar un fuerte sentimiento de amor, bondad y compasión, te estás equipando para aliviar el sufrimiento de otros.

En palabras de Sogyal Rimpoché: «Lo que debes saber es que la única cosa que tonglen podría dañar es lo que más te ha estado dañando a ti: tu propio ego, tu mente que se aferra a sí misma y se protege, que es la raíz de todo sufrimiento. Porque si practicas tonglen tan a menudo como sea posible, esa mente aferrada a sí misma se debilitará más y más, y tu verdadera naturaleza, la compasión, tendrá oportunidad de emerger cada vez con más fuerza. Cuanto más fuerte y más grande sea tu compasión, más fuerte y más grande será tu valentía y tu confianza».

Si hemos sido creados a imagen de Dios, tenemos el poder de hacer lo que Él hace:

> Amar como Él ama,
> Ayudar como Él ayuda,
> Dar como Él da,
> Servir como Él sirve,
> Rescatar como Él rescata,
> Estar con Él las veinticuatro horas,
> Meditar como Él medita,
> Orar como Él ora,
> Tocar corazones y mentes así como Él lo hace.

Abre tus registros akáshicos y lleva tu conciencia completa a tu corazón; allí, comienza a generar sentimientos de amor y compasión, y visualízalos como una bola o esfera de luz pura y blanca.

A través de esta práctica, nuestro enfoque cambia del interés centrado en el yo personal y sus intereses egoístas, a comprender que la mayor fuente de satisfacción en la vida proviene de ayudar a los demás a experimentar bienestar y felicidad.

Comienza esta práctica visualizando a uno de los seres que amas incondicionalmente, tal vez un niño o un animal, al que realmente deseas aliviar de cualquier tipo de sufrimiento.

Visualiza respirando su dolor o sufrimiento como una nube oscura y humeante que abandona su cuerpo.

Inhala el humo oscuro hacia la luz blanca del chakra del corazón, donde se transforma al instante en brillante prana o fuerza de vida.

Exhala esa brillante nube blanca de prana, enviándola hacia él. Mira al ser amado envuelto en una niebla blanca y brillante de sanación.

Continúa inhalando el humo oscuro y exhalando la luz blanca hasta que sientas que está completamente purificado, en paz y felicidad.

Luego, concéntrate en alguien más a quien amas pero con quien puedes tener problemas y repite la secuencia descrita anteriormente.

Después de eso, puedes enfocarte en las personas que te han lastimado o traicionado, seguidos de los individuos que no te gustan y que, incluso, podrías odiar.

Termina la meditación concentrándote en tu corazón y los sentimientos de amor, bondad y compasión. Siente como si todo estuviera bañado en la luz blanca de tu chakra del corazón.

Capítulo 21

Gracia y puntos de gracia

La gracia es el favor y el amor dados libremente por Dios / Espíritu / Fuente, que se usa para regenerar y fortalecer a los humanos. Todos nosotros tenemos la capacidad de abrirnos y pedir que esta gracia venga a nosotros. Lo único que tienes que hacer es pedirla y estar dispuesto a recibirla con gratitud.

La gracia se menciona en todas las escrituras sagradas, ya sean cristianas, protestantes, islámicas o hindúes. En la fe hindú, bhakti es traducida como devoción e implica la participación práctica del individuo en comunicación divina con los dioses. Dentro de bhakti, encontramos lo que se conoce como kripa o gracia divina. Ésta es la clave fundamental que se requiere para la autorrealización espiritual. La gracia divina se desarrolla desde un corazón puro dedicado a un camino espiritual, generando energía suficiente para que tengamos este kripa. Kripa es la clave de nuestra iluminación espiritual, realización, crecimiento y conexión con los Maestros y Guías del Akasha. Puedes pensar en la gracia como la luz, una poderosa energía cósmica y espiritual que tiene el poder de cambiar nuestras vidas.

Veamos la diferencia entre luz y gracia:

Luz

- El resplandor, iluminación o luminosidad de una fuente en particular.

- El estado de ser visible, expuesto a la vista o revelado a la atención o conocimiento público.
- Percepción, comprensión y claridad mental.
- Entendimiento espiritual o conciencia: iluminación.

Gracia

- El regalo o favor y el amor, libremente dados, del Espíritu Creador.
- La influencia o espíritu de un poder superior a ti mismo operando en humanos para regenerarlos o fortalecerlos.
- El Amor Divino y la protección otorgados libremente a las personas.

Yo creía que entendía la gracia porque había leído sobre la vida de muchos místicos de Oriente y Occidente y sus descripciones de gracia. He tenido muchas experiencias espirituales notables en mi vida, que puedo llamar trascendentales, pero fue una de ellas la que verdaderamente me ayudó a entender el significado de gracia. Durante el tiempo que estaba explorando los problemas de perdón que mencioné anteriormente, estaba dedicado a una meditación y exploración interna muy profundas, y tuve una experiencia que me llevó a un lugar completamente diferente a todo lo que había experimentado antes. Cuando salí de esta experiencia y recuperé mi centro, sentí que todo mi cuerpo estaba luminoso con un resplandor dorado que nunca había sentido antes. Sentí claridad, paz y un amor tan grande que era casi imposible contener. Durante años he intentado expresar con palabras la totalidad de esta experiencia y aún no he podido hacerlo. Lo único que sé es que mi vida cambió como resultado de ello. Yo llamo gracia a esta experiencia.

Justo después de esta experiencia, lo único que realmente quería era chocolate. Nunca me gustó mucho el chocolate. Estaba entrando en los cuarenta años y durante toda mi vida, hasta ese momento, podía tomar un trocito de chocolate y estar satisfecho durante seis meses. Sin embargo, después de esta experiencia, quería chocolate constantemente; así que entré en un diálogo conmigo mismo: deseo chocolate pero no me gusta el chocolate. La conclusión fue que sólo tenía que comer chocolate; así que conduje hasta la estación de gasolina más cercana y me paré frente a la sección de barras de chocolate, como un niño con los ojos abiertos de asombro por la variedad que había. No tenía ni idea de a qué sabían; así que terminé comprando una de cada una y, en las siguientes veinticuatro horas, ¡me las acabé todas! El descubrimiento de este delicioso regalo de los dioses dio inicio a mi nueva historia de amor con el chocolate. Ahora es casi obligatorio que vaya a mis clases de registros akáshicos con chocolates para compartir con todos los estudiantes. Tengo la plena convicción de que cada vez que estamos en un profundo trabajo espiritual, debemos comer algo de chocolate. Por cierto, el chocolate es una maravillosa forma de enraizarse, conectarse con la tierra si te sientes un poco desconectado después de pasar un tiempo en tus registros akáshicos, con moderación y equilibrio, ¡por supuesto!

Puntos de gracia

Los puntos de gracia nos fueron dados desde los registros akáshicos como puntos físicos de acción. Estimulan el movimiento de la energía en diferentes niveles del ser humano (físico, emocional, mental, espiritual, consciente, inconsciente y genético) para que pueda regresar a un lugar de paz y alineación con la voluntad divina. Ambos procesos nos ayudan a alcanzar nuestro máximo potencial en todos los niveles y emprendimientos de nuestra vida. El acceso a los registros akáshicos y los puntos de gracia se otorgaron para ayudarnos de tres maneras:

Para ganar claridad: pon tu intención y presiona moderadamente los puntos de gracia para redirigir la mente consciente a acceder a la información que estás buscando. Pedir claridad permite que el movimiento de la conciencia te abra a una nueva consciencia o verdad.

Para liberar lo que ya no te sirve: pon tu intención y presiona moderadamente los puntos de gracia para liberar limitaciones, condiciones, patrones, falsa creencias, juicios pasados, etc. Permite el movimiento y la transformación de energía estancada. Liberar limitaciones posibilita un cambio en la conciencia para reemplazar una memoria limitante por una memoria inspiradora. Liberar estos viejos patrones ayuda a expandir tu zona de *confort* al traer más equilibrio a tu estado interior del ser.

Para integrar lo que te sirve: pon tu intención y presiona moderadamente los puntos de gracia para integrar nueva información y perspectivas, imprimiendo experiencias positivas y tomando conciencia de tu ser. Esto incluye toda la información que te lleva a un lugar de amor y consciencia Divina.

Veo los puntos de gracia como una válvula de escape de energía, similar a la válvula de una olla a presión. Ponemos todos los ingredientes, agua, especias, etc. en la olla a presión. De la misma manera, ponemos todos los ingredientes de nuestra vida emocional en nuestro subconsciente. Si no hacemos algo para neutralizar y liberar la energía después de un episodio emocional, se queda en nuestra olla a presión personal y, a medida que avanzamos en la vida, aumentamos la temperatura. Con el tiempo, el agua empieza su punto de ebullición y las cosas dentro comienzan a cocinarse. La alta presión que se acumula necesita escapar de alguna manera: para esto sirve la pequeña válvula en la parte superior de la tapa. Si la válvula está obstruida, si no tenemos una manera de dejar ir las emociones, el calor eventualmente causa que la olla a presión explote. En nuestro caso, esa explosión puede parecer una crisis mental.

Los puntos de gracia actúan como una válvula de presión cuando estamos recibiendo información de los registros akáshicos. Los puntos de gracia no están activos todo el tiempo. Se activan como resultado de la energía que se toma o de las emociones sutiles y recuerdos que surgen debido a las preguntas que estamos explorando. Los puntos de gracia tienen un componente masculino o femenino, dependiendo del tipo de problema con el que estamos trabajando. Los puntos de gracia que se manifiestan en la mano izquierda tienen cualidades y componentes femeninos. Los puntos de gracia de la mano derecha tienen cualidades y componentes masculinos. Para saber si un punto de gracia está activo mientras exploras una pregunta con los registros, lo tocas. Presiona fuerte con el pulgar el punto de gracia 1. Para el punto de gracia 2 y el punto de gracia 3, pellizca con una presión de aproximadamente 9 kg. Esto es equivalente a la presión que aplicas al abrir la tapa de un frasco nuevo. Si el punto de gracia está sensible, significa que está activo.

Supongamos que estás explorando con tus registros akáshicos un problema relacionado con tu madre. Encuentras que tu punto de gracia 2 está muy sensible en tu mano derecha, pero no en tu izquierda. He aquí por qué esto puede suceder. Como mencioné antes, los puntos de gracia tienen componentes masculinos y componentes femeninos. Esperarías que tus puntos de gracia en tu mano izquierda estuvieran sensibles porque este problema pareciera estar relacionado con una influencia femenina directa. Sin embargo, es posible que te encuentres trabajando con esta pregunta y no haya sensibilidad en los puntos de gracia de tu mano izquierda. Revisas los de tu mano derecha y resulta que están muy sensibles. ¿Cómo es posible? La mano derecha representa lo masculino, pero estás trabajando asuntos de la madre.

Es posible que, durante el tiempo en que se imprimió la memoria celular, la energía de la madre fuera muy débil en comparación con la energía del padre. Tal vez tu padre hizo que tu madre te disciplinara, a pesar de que a tu madre le dolió muchísimo hacerlo. Tu padre era tan dominante que ella sintió que no tenía elección. En este caso, recibiste el impacto directo de tu madre, pero la fuente original de energía provino de tu padre. Esto podría explicar por qué los puntos de gracia de tu mano derecha están sensibles, en lugar de los puntos de la mano izquierda. Las cosas eran más complejas de lo que originalmente parecían. De esta manera, los puntos de gracia te proporcionan un hermoso hilo que puedes seguir para llegar a un punto de completa claridad y sanación.

Ahora que tenemos una idea de cómo usar los puntos de gracia 1 y 2, déjame explicarte el punto de gracia 3. Imagina que vas a una boda de la familia. Toda la familia entera estará allí, y tú ya te estás imaginando lo que tus padres y otros miembros de la familia van a decir sobre el camino que has elegido. Llegas al evento con tu novia, y también eres una mujer, por lo que sabes que tu familia tendrá algo que decir. Ellos saben dónde y cómo presionarte. Incluso, si no traes pareja, sabes que ellos tienen suficiente material –desde sus criterios– para provocarte. Incluso antes de llegar al evento, hay una acumulación de emociones dentro de ti, pero no tienes otra opción más que asistir. Cuando llegas y tu familia comienza a tirar energía sobre ti, el punto de gracia 3 viene al rescate. Como descubrirás, el punto de gracias 3 te ayuda a liberar problemas, juicios, creencias y emociones que se han transmitido a través de tu genética o ascendencia. A medida que trabajas con los puntos de gracia de ambas manos, te estás desconectando de la dinámica y la energía que suceden durante la conversación de una manera muy directa. De hecho, te estás sanando mientras te desconectas.

Si quieres comenzar a trabajar tu ascendencia o genealogía, es mejor que te prepares porque es muy poderoso y aparecerán muchas emociones. Es una oportunidad maravillosa para ti y tus familiares con los que quieres sanar. Ni siquiera tienes que decirles nada. La energía en sí misma es suficiente. Si te ocurre una situación similar a la que describí arriba, puede darte un poderoso material para explorar con tus registros akáshicos abiertos. Más adelante, te daré un par de preguntas sustanciosas sobre la genealogía.

Mientras exploras un problema como éste con tus registros akáshicos, los Maestros pueden guiarte para tener una conversación con tu madre y/o padre para decirles que estás tomando distancia de ellos. Que estás separándote de su energía tóxica, que necesitas alejarte de sus creencias y asimilar las tuyas propias. Hice esto cuando tenía dieciséis años y me ha dado una libertad inconmensurable en mi vida. Para algunas personas, este proceso puede ser muy difícil pero también muy necesario. Recuerda que la programación familiar y cultural que tienes puede que no te esté ayudando o apoyando en el progreso que deseas para tu evolución espiritual.

Tomar distancia de tus padres no significa que nunca los verás de nuevo. Sólo significa que crearás la distancia energética necesaria para explorar tu libertad. Sé, y he sido testigo con mis alumnos, que tus padres te verán cambiar. Te verán más feliz, más realizado, más exitoso, más tranquilo, más amoroso y lleno de compasión. Todo esto los impactará a nivel energético. He visto más de una vez que esto realmente llevó a los padres a acercarse a su hijo o hija para hacerles preguntas y buscar orientación sobre su propia vida. En este caso, puedes orientarlos realmente y equilibrar el karma entre vosotros de una manera positiva.

Éste es un trabajo poderoso y hermoso, lleno de oportunidades, para todos los interesados. En las clases del nivel 3 de los registros akáshicos, exploramos con profundidad este material.

Lo último que me gustaría mencionar es que, a medida que haces el trabajo con tu ascendencia, no sólo sanas el presente, sino que también sanas el pasado y creas nuevas posibilidades para el futuro. Ten en cuenta que si los recuerdos de una vida pasada emergen con episodios negativos relacionados con la familia, debes tener mucho cuidado, porque el responsable en aquel momento podrías haber sido tú, y ahora has vuelto a ver lo que sucedió en aquel tiempo para resolverlo definitivamente.

Los puntos de gracia del nivel 1 de registros akáshicos

1. *El punto principal de gracia:*
   - Aclara la información que se recibe.
   - Libera cualquier problema, juicio, creencia, emociones, etc. relacionados con la evolución del alma (pasado, presente y futuro), removiendo cualquier resistencia.
   - Integra las nuevas revelaciones creando puntos de referencia positivos.
2. Punto de liberación del cuerpo:
   - Libera cualquier dolor o malestar físico.
   - Libera la energía que ha estado retenida y aclara la fuente del dolor o malestar.
   - Recibe la energía que se mueve por el cuerpo cuando preguntamos por claridad en los registros.
3. Punto del linaje genético (ascendencia):
   - Aclara la información que se recibe.
   - Libera problemas, juicios, creencias, emociones, etc. que se han transmitido o aceptado.
   - Integra nuevos aspectos del ser.

¿Cómo sabes cuándo ha sido completamente liberada la energía desde el punto de gracia? Cuando lo revisas nuevamente y la sensibilidad o el dolor desaparecen, o sientes un gran suspiro o temblor en el cuerpo; entonces la energía ha sido liberada.

Cómo trabajar los puntos de gracia

1. Mantente en un punto de gracia específico y enfoca tu intención en él. Centra tu intención en lo que quieres liberar y entregar. Relájate y siente que la gracia fluye a través de tu ser y diluye la emoción atada al problema.
2. Usa los puntos de gracia con palabras específicas u oraciones, como las que se incluyen en este libro, para ayudarte a enfocar tu atención e intención. Por ejemplo:

Libero y dejo ir completamente fuera de mi (cuerpo físico, mental o emocional / alma, genética o ascendencia) pasado, presente y futuro, todos y cada uno de los miedos, falsas creencias y juicios, y todos y cada uno de los patrones limitantes con respecto a _______________________.
Renuncio y me libero de esto ahora y lo dejo ir a la Gracia, a la Fuente, para ser reemplazada por el Amor Divino y la Luz.

Ahora permanece en la energía, déjala ir y relájate.

Usa tu intención y el toque del punto de gracia para redireccionar tu mente consciente con el fin de acceder a la información que estás pidiendo. Pide a los Maestros y Guías claridad mientras tocas o pellizcas el punto de gracia, y permite al patrón celular dentro de ti manifestarse con nueva conciencia y visión.

Puntos de gracia. Nivel 1

Punto de gracia 1. El punto principal de gracia se ubica en el centro de la palma de la mano.

Punto de gracia 2. El punto de liberación del cuerpo se ubica en el costado de la palma de la mano entre el dedo meñique y la muñeca.

Punto de gracia 3. El punto de linaje genético se ubica en la cinta entre los dedos pulgar e índice.

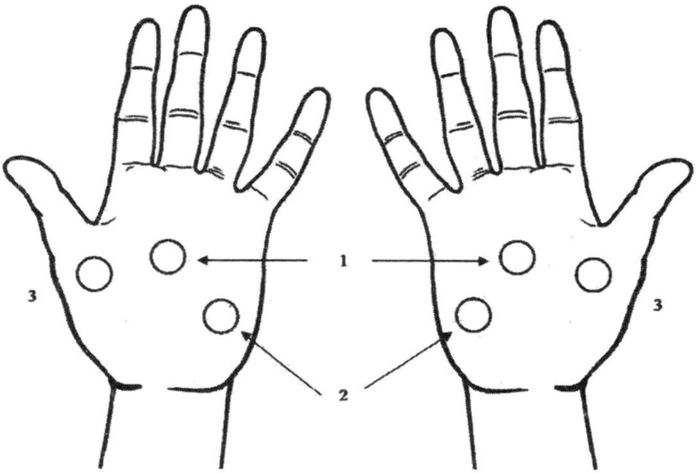

Puntos de gracia, nivel 1

Me gustaría mencionar que todos los puntos de gracia se pueden utilizar dentro de los registros akáshicos. Utilizar los puntos de gracia cuando tienes tus registros abiertos y en comunicación con los Maestros y Guías es la forma más efectiva de usarlos. Sin embargo, puedes usar los puntos de gracia fuera de los registros akáshicos, casi en cualquier situación que pueda surgir en la vida.

Déjame darte un ejemplo con el punto de gracia 1. Imagina que vas a una conferencia importante y el presentador tiene el material que sabes que enriquecerá tu vida, negocio, espiritualidad, etc. Sin embargo, la noche anterior te fuiste a la cama tarde y tuviste que conducir tres horas para llegar al lugar. Cuando llegas, estás cansado y apenas puedes mantener tu atención sobre el tema que está siendo presentado. En esta situación, puedes usar el trabajo del punto de gracia 1 en ambas manos mientras escuchas y recibes la información. Recuerda que el punto de gracia 1 es para anclar y aclarar la información que se recibe. En cierto modo, es como una grabadora personal. La información fluirá directamente a tu mente subconsciente, evitando el cansancio que sientes. Más tarde, a través de los registros akáshicos, puedes preguntar por esa información para que salga a la superficie y puedas utilizarla de manera práctica.

Veamos otro ejemplo con el punto de gracia 2. Vives en Miami, Florida, y decides que quieres ir a Bali. Para hacer este viaje, tienes que tomar tres o cuatro aviones, hacer varias escalas y, encima de todo esto, son vuelos largos, pero vale la pena. Durante el viaje, te has apoyado más sobre una de tus piernas y tu espalda baja comienza a dolerte. El piloto ha anunciado que tienes que tener el cinturón de seguridad puesto y permanecer en tu asiento, ahora ya no te puedes levantar y caminar un poco para estirarte. En esta situación, puedes usar el punto de gracia 2 para limpiar la energía. Comienza a trabajar en este punto en ambas manos mientras llevas tu atención a la parte del cuerpo dolorida. Poco a poco, como el vapor que escapa de la olla a presión, la acumulación de energía en la parte inferior de la espalda empezará a disiparse.

Los puntos de gracia son un maravilloso regalo de los Maestros del Akasha para apoyarnos en nuestro proceso dentro o fuera de los registros akáshicos. Hemos aprendido los tres puntos de gracia básicos del nivel 1, y por ahora tenemos claro cómo los registros akáshicos nos permiten adquirir autoconsciencia a través de nuestras preguntas. Esta consciencia nos ayuda a entender cómo cocreamos nuestras vidas. Nuestro crecimiento, consciencia y sabiduría vienen a través de las experiencias físicas. Qué hacemos con esta experiencia y cómo ésta dirigirá nuestro crecimiento depende de nosotros. Nuestro trabajo en los registros nos alineará con Dios / Espíritu / Fuente. Hacemos esto a través de la gracia. La gracia es el don del Espíritu, y cuanto más nos abrimos a él, más nos permitiremos rendirnos a la sabiduría superior y experimentaremos en mayor medida el resultado adecuado y la sanación en nuestras vidas.

Usando los registros akáshicos, descubrimos las motivaciones del ego, que afecta a la forma en que experimentamos y nos relacionamos con el amor. El ego afecta a la forma en que amamos y cuidamos de los demás y de nosotros mismos, así como a la forma en que experimentamos la abundancia, la salud, la armonía y la felicidad. El ego no es un aspecto negativo de nosotros. Es sólo un mecanismo de apoyo que saca a relucir todas las deficiencias que tenemos que superar en nuestra conciencia. Sin él, podríamos estar ciegos a estas oportunidades. Al usar la gracia, redirigimos la mente-ego-emociones para apoyar la paz.

Cuando avanzamos hacia la gracia, experimentamos un estado interno de paz. Esto permite mayor libertad en la decisión consciente. Esta paz interior se convierte en nuestro punto de referencia para nuestra conexión con Dios / Espíritu / Fuente, que podemos usar para resolver problemas o conflictos y lograr una mayor alineación en nuestras vidas. Podemos lograr esto sosteniendo la intención de la gracia mientras activamos físicamente los puntos de gracia en nuestras manos.

Mientras escribo este material, estoy siendo guiado para compartir contigo no sólo los puntos de gracia del nivel 1, sino también los puntos de gracia del nivel 2. Esto te dará mucha más información sobre el uso de los puntos de gracia.

Los puntos de gracia del nivel 2 de registros akáshicos

Los puntos de gracia son simples. Todo lo que se necesita es una presión media en el punto de gracia, tu intención y el hecho de permitir. El uso de los puntos de gracia redirige tu conciencia para que puedas liberar lo que ya no es necesario a Dios / Espíritu / Fuente e integrar todo lo que deseas. Pregunta a los Maestros y Guías en qué mano están estos puntos de gracia.

1. Punto de liberación emocional. Dirige la conciencia para desconectar y limpiar las emociones. Se encuentra en la almohadilla de la mano debajo del dedo meñique.
2. Punto de limpieza a nivel celular. Dirige la conciencia para desconectar y limpiar a nivel celular. Se encuentra en la almohadilla de la mano entre los dos dedos medios.
3. Punto de desconexión del ego. Dirige la conciencia para desconectar y limpiar el ego. Está ubicado en la almohadilla de la mano, debajo del dedo índice.
4. Punto de reconexión con la inocencia original. Dirige la conciencia para que se mueva hacia nuestra inocencia original. Se encuentra en la parte inferior de la palma de la mano, en el área de la almohadilla, por encima de la muñeca.

La elección intencional de la gracia permite el flujo de energía para la limpieza y la alineación. La intención de usar la gracia dirige la limpieza hasta llegar al nivel celular. Establecer un punto interno de referencia para la paz es un proceso continuo de descubrimiento en nuestras vidas.

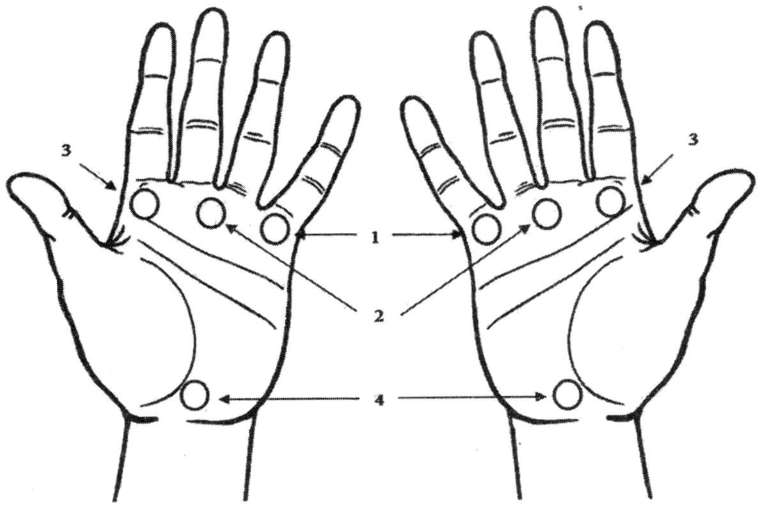

Puntos de gracia, nivel 2

Puntos de gracia. Nivel 2

Exploremos estos cuatro puntos de gracia con mayor profundidad.

Punto de liberación emocional

Si estás explorando un problema en los registros akáshicos y surge una emoción que se necesita limpiar, el punto de liberación emocional es el punto de gracia que se debe usar. Este punto de gracia te ayudará a desconectar la emoción del tema que estás explorando. Como he mencionado anteriormente, el punto de gracia puede estar activo en cualquier mano dependiendo de la energía original.

Veamos un ejemplo. Imagina que estás trabajando en el problema de una relación rota. Aún estás en la relación, pero obviamente está llegando a su fin. A medida que avanzas en dirección a finalizar esta relación, surgen muchas emociones, como gran tristeza, ira, insatisfacción, sentimiento de fracaso, problemas de autoimagen y de no merecimiento. Abrir tus registros akáshicos puede proporcionarte una fuente profunda de entendimiento. Los Maestros te guiarán en la dirección que necesitas seguir para lograr una terminación amorosa. Mientras estás trabajando con esto en los registros, puedes usar el punto de gracia 1 para desconectar cualquier emoción relacionada con el problema. Es como desconectar el enchufe de una lámpara. La lámpara deja de recibir la electricidad para funcionar y la carga se disuelve.

Cualquier emoción que surja que no sea de ayuda en tu vida puede ser liberada a través de este punto de gracia. Recuerda que los puntos de gracia se pueden utilizar dentro o fuera de los registros akáshicos. Si estás asistiendo a una reunión de negocios y alguien dice algo que hace que la sangre te hierva, antes de comenzar a involucrarte en el ambiente negativo y entrar en una discusión, usa el punto de gracia 1 para limpiar esa carga emocional de tu campo.

Punto de limpieza a nivel celular

El punto de limpieza a nivel celular es un maravilloso punto de gracia para utilizar cuando estás explorando temas profundamente conectados con tu memoria celular y que necesitas liberar. Aquí hay un ejemplo de cómo los problemas pueden conectarse a la memoria celular. Digamos que estás en una nueva relación y las cosas van muy bien. Abres tus registros akáshicos para pedir orientación para poder continuar cuidando la relación de una manera positiva. Mientras estás en los registros, surgen recuerdos y energías de anteriores relaciones fallidas. Te tomas tiempo para explorar la causa de estos fallos y descubres que una ruptura, cuando eras adolescente, te ha estado impactando. La huella emocional de la experiencia fue tan profunda que entró en tu memoria celular. Con esta conciencia, puedes comenzar a usar estos puntos de gracia para borrar la huella de tu memoria celular.

Los Maestros también podrían recordarte las muchas discusiones que presenciaste en tu infancia entre tu mamá y tu papá, discusiones que finalmente llevaron al divorcio. Este tipo de escenario comúnmente crea una impresión a nivel celular y puede ser la causa de dificultades en relaciones afectivas personales. También puede causar dificultad para asumir compromisos. De nuevo, los puntos de gracia pueden ser utilizados para liberar estas emociones de tu memoria celular.

Aquí hay otro ejemplo. Imagina que tienes seis años. Estás en el jardín de infancia y realmente lo disfrutas, pero tu maestra es un poco irritable e impaciente con los niños. Un día reparte acuarelas, coloca un jarrón con flores y frutas en su escritorio y pide a la clase que lo pinten. Te sientes como Miguel Ángel. ¡Te ves a ti mismo con un sombrero de pintor, una paleta en una mano y un pincel en la otra, y estás creando una obra maestra! Estás en el flujo de energía creando con alegría y libertad cuando la maestra pasa y se detiene a mirar lo que estás haciendo. Ella dice: «Eso no se parece en nada a lo que está sobre mi escritorio», y luego, simplemente, se aleja. Esa interacción de diez segundos con la importante figura de tu profesora crea una huella que te aplasta. Bajas el pincel y sientes que todo el aire ha sido succionado de tu cuerpo. Tu inspiración y creatividad se acaban. Este episodio creó una memoria celular que te impedirá expresar tus habilidades artísticas con total libertad.

De hecho, éste es un ejemplo personal. Tuve esta experiencia cuando tenía seis años. Cuando una información como ésta surge desde los registros akáshicos, tienes la oportunidad ideal para liberar la memoria celular conectada a este problema usando tus puntos de gracia. Cuando este recuerdo surgió en mí y lo limpié, sentí como si hubiera recibido una inyección de creatividad. Compré pinturas acrílicas y empecé a pintar todo lo que pude. Empecé a usar restos de cuero para pintar y esto derivó en mi oficio de marroquinería, haciendo bolsos con hermosos abalorios en las solapas. Como resultado práctico, esa sanación –una vez que se limpió la memoria celular– se transformó en mi negocio de marroquinería, el cual me permitió ganar buen dinero e hizo felices a muchas personas que compraron los artículos. Sé que podían sentir la alegría y el amor que puse en mis creaciones.

Punto de desconexión del ego

El punto de desconexión del ego es un punto de gracia muy interesante, con el que se puede trabajar porque se encuentra directamente relacionado con el ego alterado. Todos hemos obrado desde el ego alterado en uno u otro momento. ¿Eres el tipo de persona que siempre tiene que estar en lo cierto? Tal vez estás en una conversación con un grupo de amigos y no sólo defiendes tu opinión, también luchas para asegurarte de probar que estás en lo correcto sin importar lo que pase. En una situación como ésta, sería útil hacer uso del punto de desconexión del ego. Este punto te ayudará a ser más humilde y abierto para recibir. Como mencioné antes, obtendrás mucho más del material presentado aquí y en varias situaciones si entras con la mente de un principiante. Si trabajas desde la mente experta, también estarás trabajando con cierta cantidad de ego. Puedes encontrarte a ti mismo pensando cosas como: «Eso lo he hecho antes. Eso ya lo sé».

La mente experta se centra en el ego alterado, y allí hay poco espacio para que ingrese algo nuevo porque ya se es un sabelotodo. Es posible que hayas visto esta actitud en algunos actores, médicos, abogados, políticos, gurús espirituales y directores ejecutivos, que ven a otras personas como si estuvieran debajo de ellos y no los tratan con amabilidad y generosidad. Cualquiera que quede atrapado por el ego alterado en cualquier momento puede beneficiarse al trabajar con este punto de gracia. Algunas personas tendrán que trabajar más que otras para tener esta energía clara y bajo control.

Aquí hay otra forma en que este punto de gracia puede entrar en juego. Imagina que estás asistiendo a una clase y tienes un avance que te da un destello de iluminación. Puedes asumir tu experiencia y hablar sobre ello, pero es muy importante prestar atención a cómo la estás contando. ¿Estás dejando que tu ego narre la historia o estás permitiendo que la parte más humilde de ti la comparta sin apego ni involucramiento del ego? Si te encuentras en el ego alterado, dentro o fuera de los registros, tienes una maravillosa oportunidad de usar este punto de gracia.

Punto de reconexión con la inocencia original

El punto de reconexión con la inocencia original es un gran punto de gracia para utilizar cuando estás explorando al niño interior. En el ejemplo que te di antes sobre el niño en el jardín de infancia cuya expresión artística fue aplastada, además de usar el punto de gracia 2 para limpiar la memoria celular, puedes usar el punto de gracia 4 para reconectar e integrar cualidades de la infancia que se perdieron. En otras palabras, al tiempo puedes limpiar la memoria celular y reintegrar la nueva energía, para que puedas poner de inmediato en práctica lo que estás recibiendo.

Piensa en la anécdota que te di antes sobre el niño que, yendo al supermercado con su mamá, casi es atropellado por un camión. Si este tipo de memoria aparece, puedes usar los puntos de gracia como parte de la recuperación del alma. Puedes usar el punto de reconexión con la inocencia original para volver a conectar la memoria al momento presente e integrar la energía de la infancia. Tu niño interior puede pedirte realizar alguna acción física o expresión. Prepárate para darle la bienvenida al niño interior. Prepárate para celebrar y hacer algunas cosas infantiles. Prepárate para parecer tonto a los ojos de los demás mientras traes más alegría, pasión, juego y espontaneidad a tu vida.

Capítulo 22

Llevar un diario

Una agenda es un libro, cuaderno o libreta en donde se registran eventos, usualmente escritos de manera simple, breve y superficial. Un diario es un libro, cuaderno o cualquier colección de pensamientos escritos sobre eventos con más detalle. Éste último incluye especialmente sentimientos, opiniones, esperanzas, miedos, creencias, reflexiones, etc. Un diario es una poderosa herramienta para ayudarte a aprovechar tu imaginación y evocar cambio personal. Los registros akáshicos ofrecen la forma de hacer un diario que te ayudará a mirarte detenidamente y asumir tu papel como el personaje principal de tu vida. Llevar un diario y escribir te ayudará a alcanzar la alegría de darle forma a las experiencias de tu vida, moviéndote desde lo que te causa dolor hacia un estado de autoconocimiento y a un punto de enfoque.

Un diario es como el guion que un director necesita para dirigir la obra. Por ahora sabemos que tenemos que separar de nosotros el drama de la vida para convertirnos en el observador y el director. Sin un diario, sin el guion, el director no puede dirigir o hacer cualquier cambio en la obra mientras se desarrolla ante sus ojos. De manera que, así como el guion es esencial para la obra, el diario es esencial cuando estás recibiendo información desde los registros akáshicos. Cada vez que abras tus registros akáshicos y te comuniques con los Maestros y Guías, debes llevar un registro diario o una lista de pensamientos y citas para recordar.

Una vez que establezcas un buen flujo de comunicación y relación con los Maestros, ellos te darán mucha información, información que será valiosa en muchas áreas de tu vida. Sé por experiencia propia que es extremadamente difícil recordar todo, en especial a medida que pasa el tiempo. Es tanto como ir al cine. Cuando ves una película que realmente disfrutas, se crea cierta huella del impacto visual y emocional de la película. Cuando vas a trabajar al día siguiente y cuentas a tus amigos al respecto, puedes dar muchos detalles y compartir tu emoción por la película. Alrededor de una o dos semanas después, alguien te pregunta si has visto la película y dices que sí, pero algunos detalles ya se perdieron. Un mes después, se la quieres contar a alguien, pero ni siquiera puedes recordar el nombre de la película. Si se pierden tantos detalles después de un mes, imagina lo poco que recordarás seis meses después. Si ves de nuevo la película, es muy probable que digas: «Dios mío, me había olvidado de todo eso». Si es así con una película, imagina cómo será con la información que fluye desde el Akasha, información que es como una receta que necesitas seguir paso a paso. Darle seguimiento sólo puede lograrse a través un diario.

Un beneficio práctico del diario es que puedes tener acceso a tu mente subconsciente y crear un futuro por elección consciente. En otras palabras, al revisar la información que registras en tu diario, puedes tomar decisiones conscientes sobre los próximos eventos en tu vida. Llevar un diario puede cambiar tu vida, y la terapia del diario es una forma comprobada y verdadera de ayudarte a resolver tus problemas.

Para ayudar a los estudiantes a sentirse cómodos con el diario durante mis clases, les doy una tarea que compartiré contigo. Toma un bloc de notas tamaño carta y colócalo junto a tu cama. Por la mañana, justo cuando te despiertes, antes de salir de la cama y distraerte, toma el bloc de notas y escribe dos páginas completas de información, lo que venga a tu mente. Si eres como yo y no eres una persona madrugadora, esto será difícil. De todos modos, toma el bloc y comienza a escribir cualquier cosa, incluso si es algo como: Esto simplemente no tiene ningún sentido para mí. Estoy bastante somnoliento. Me gustaría bajar y tomar una taza de café. Éste es un ejercicio tonto y no quiero seguir haciéndolo. Esto es un desperdicio de tiempo. En algún momento, tu mente consciente se rendirá y el superconsciente tomará el control. Continuará escribiendo sin que realmente sepas lo que estás escribiendo. Termina tus dos páginas y continúa con tu día. Cuando vuelvas a casa, levanta el bloc de notas y comienza a leer. Inmediatamente descartarás todos los disparates y te encontrarás con las gemas, las joyas que surgieron de tu mente superconsciente. Éste es un buen ejercicio que puedes practicar con tus registros akáshicos abiertos porque te ayudará con el flujo de tu escritura. Te ayudará a apartar tu conciencia y mente crítica, permitiendo que la información fluya desde los registros akáshicos mientras estás recibiendo información de los Maestros.

Diez razones para escribir en un diario

1. Te encuentras a ti mismo: descubre quién eres realmente registrando tus sentimientos, pensamientos, opiniones, creencias, esperanzas, miedos, experiencias, etc. Escribir en profundidad sobre ti y para ti mismo te ayuda a aclarar quién eres, lo que crees y lo que quieres hacer con tu vida.

2. Te vuelves más organizado: cuando te conoces claramente, escribiendo honestamente y con detalle, tu mente se enfoca. Te sientes más en paz contigo mismo. Escribir un diario también puede organizar tu vida diaria. Al registrar cosas que necesitas o quieres hacer, sabrás hacia dónde te diriges. Escribir un diario te ayuda a detenerte, pensar y planificar con cuidado.

3. Resuelves problemas: consignar todos tus pensamientos en papel puede permitirte pensar de nuevas maneras al aprovechar tu subconsciente. Esto te permite ver un problema con una nueva luz y encontrar soluciones para ello.

4. Favoreces tu creatividad: anota pensamientos inspiradores o ideas y colecciónalas. Ciertas técnicas de escritura pueden ayudarte a conectarte con tu subconsciente e inspirarte, incluyendo los registros akáshicos, poemas, cuentos, dibujos, música o lo que quieras expresar. El acto de escribir te permite pensar y concentrarte más para que tu mente funcione a un nivel más profundo e intuitivo.

5. Encuentras un santuario: escribir para ti mismo en tu diario es una gran manera de escapar de sentimientos o eventos caóticos, o simplemente escapar de los sentimientos mundanos de la vida diaria y profundizar en tu emocionante vida interior. Separarte del mundo exterior te ofrece un sentido más fuerte de tu propia identidad como ser humano individual. Dedicarte tiempo a ti mismo también genera una gran sensación de paz y bienestar, aumentando tu confianza y autoestima.

6. Tienes una terapia emocional: tu diario puede cumplir la función de tu mejor amigo o del consabido hombro dónde llorar. Siempre está ahí para escuchar y nunca critica o habla a tus espaldas. Al liberarte de pensamientos difíciles o sentimientos, reduces el estrés. Los problemas no parecen tan malos cuando se convierten en meras palabras en una página.

7. Disfrutas la vida: registrar lo que te hace feliz, enumerar tus cosas favoritas de estar vivo y celebrar las cosas buenas de tu vida te hace una persona más feliz. Aprecias y agradeces lo que tienes, en lugar de estar deprimido por lo que no tienes.

Escribir tus percepciones de la vida como la estás viviendo te da una mejor idea del mundo que te rodea y tu lugar en él. Incluso, las cosas más mundanas pueden ser profundas y significativas si te tomas el tiempo para usar todos tus sentidos y registrar lo que experimentas en tu diario. Escribir sobre las pequeñas cosas de la vida te hace sentir que estás viviendo la vida al máximo y que estás llegando a entender todo lo que la vida tiene para ofrecer. Cada uno de nosotros tiene un sentido único de percepción y un conjunto de experiencias, entonces usa tu diario para celebrar tu singularidad.

8. Llevas una cronología de eventos: al llevar tu diario por meses y años, éste se convierte en un registro de tus logros, viajes y crecimiento personal, como una cápsula del tiempo que captura quién eras en ciertos momentos del pasado. Registrar quién, qué, cuándo, dónde, por qué y cómo de los eventos pasados te ayuda a recordar detalles que probablemente olvidarías si no los anotas. Tener un registro de lo que hiciste con tu vida te da un sentimiento de logro y una sensación de que tu vida no fue en vano.

Llevar un diario también puede ayudarte a crear una lista de cosas que deseas hacer y lograr antes de morir. Esto puede variar, desde lugares del mundo que quieres visitar hasta el conocimiento que te gustaría adquirir.

9. Te comunicas mejor: sin que lo notes, escribir regularmente en tu diario mejorará tus habilidades de escritura y comunicación. Mejorarás cada vez más tu expresión escrita. Escribir en un diario es como hablar con un amigo cercano o contar una historia. Tener tus pensamientos organizados en papel te permite comunicar esos pensamientos de una manera más clara, ya sea hablando o escribiendo.

10. Registras tu historia personal/familiar: llevar un diario durante el curso de tu vida crea un registro valioso de quién eras, lo que hacías, lo que pensabas, lo que te gustaba o disgustaba, tus supersticiones y caprichos, etc. Es un registro de tu identidad. Un diario es un enlace al pasado. Algún día, el presente en el que vivimos ahora se convertirá en un pasado distante. Escribir un diario es también un enlace al futuro.

Capítulo 23

Preguntas para conectar, explorar y expandir

Las siguientes son algunas de las excelentes preguntas y subpreguntas para explorar usando los registros akáshicos. Explora la primera pregunta sin tener abiertos tus registros akáshicos. Escribe durante aproximadamente cinco minutos. Luego abre tus registros akáshicos y responde la pregunta de nuevo.

Pregunta 1

¿Qué creencia errónea hay en mi vida que me hace experimentar el mundo de la manera en que lo hago?

a. ¿Dónde se originó?
b. ¿Cómo la libero, la cambio o la sano?
c. ¿Hay algo más que necesite saber?

Una creencia errónea es algo que tomaste desde la infancia, tu dinámica familiar, cultura, clase social o educación general, que está influyendo activamente en tu vida a un nivel consciente o subconsciente. La definición del diccionario de creencia errónea es «una idea errónea que resulta de información incorrecta».

Creencias erróneas:

- El dinero es la raíz del mal.

- Tengo que tener un título universitario para tener éxito en la vida.
- Debo complacer siempre a los demás sin importar cómo me sienta.
- Debo ser perfecto en todas las cosas y en todo momento.
- Siempre debo ser fuerte.
- Debo esforzarme en todo lo que hago.
- Debo ser perfecto para hacer trabajo espiritual o sanación.
- Las mujeres no pueden alcanzar tanto como los hombres.
- Soy demasiado joven/viejo para comenzar un proyecto nuevo.
- La tierra es plana.
- Es difícil ganar dinero.
- La opinión que tienen los demás sobre mí es importante.
- Todos hemos nacido con el pecado original

Pregunta 2

¿Cuáles han sido mis principales desafíos en la vida, mis principales problemas?

a. ¿Cuál es la emoción asociada a cada situación?
b. ¿Cuál es la relación de mi ego con cada situación?
c. ¿Dónde las retengo en mi cuerpo?
d. ¿Cómo afectan a mis relaciones de trabajo?
e. ¿Cómo puedo sanarlas o cambiarlas?
f. ¿El fundamento de este problema viene de esta vida o de una vida pasada?
g. ¿Hay algo más que necesite saber?

Pregunta 3

¿Qué es lo que más teme mi niño interior?

a. ¿Dónde se originó?
b. ¿Cómo me afecta en la vida?
c. ¿Quién estuvo involucrado?
d. ¿De qué manera esto me detiene?
e. ¿Dónde lo escondo en mi cuerpo?

f. ¿Cómo le doy libertad a este niño interior?
g. ¿Cómo lo cambio o lo sano?
h. ¿Qué debo darle a mi niño interior para apoyarlo en este proceso?
i. ¿Hay algo más que necesite saber?

Pregunta 4

¿Cuál es el patrón que más ejerzo en mis relaciones personales?

a. ¿Cuál es la adicción?
b. ¿Dónde se originó este patrón y quién contribuyó a él?
c. ¿Qué necesito aprender de él?
d. ¿Cómo me afecta en la vida?
e. ¿Este patrón está destinado a ser alterado cambiado o limpiado de alguna manera?
f. Si así es, ¿cómo? ¿Se puede disipar o transmutar? ¿Qué debo hacer?
g. ¿Hay algo más que necesite saber?

Pregunta 5

¿Cuál es el patrón más grande de autosabotaje en mi vida?

a. ¿Cómo se manifiesta?
b. ¿Dónde se originó?
c. ¿Cómo se manifiesta en mis relaciones?
d. ¿Qué tengo que aprender de esto?
e. ¿Cómo influye en mi vida?
f. ¿Cómo lo cambio, lo modifico o lo sano?
g. ¿Hay algo más que necesite saber?

Pregunta 6

¿Qué tengo que hacer para crear aventura y fantasía en mi vida?

a. ¿Qué partes faltan?
b. ¿Cómo y cuándo se desconectaron?
c. ¿Cómo las reclamo?
d. ¿Cómo le doy a este proceso una expresión física?
e. ¿Hay algo más que necesite saber?

Pregunta 7

¿Qué tengo que hacer para vivir marcando una diferencia significativa?

a. ¿Qué obstáculos hay en mi camino?
b. ¿De dónde vienen?
c. ¿Están unidos a un individuo?
d. ¿Cómo puedo removerlos?
e. ¿Hay algo más que necesite saber?

Pregunta 8

¿Cuál es el mayor temor que me impide alcanzar mi verdadero potencial en la vida?

a. ¿Está atado a una vida pasada?
b. ¿Necesito saberlo?
c. ¿Está vinculado a un evento de mi infancia?
d. ¿Cómo elimino la carga energética de eso?
e. ¿Qué hago en el presente para seguir adelante sin ello?
f. ¿Hay algo más que necesite saber?

Pregunta 9

¿Qué estoy buscando en última instancia en esta vida?

a. ¿Qué obstáculos encuentro?
b. ¿Cómo puedo superar estos obstáculos?
c. ¿Cuál es la lección para mí?
d. ¿Cómo puedo compartir mejor este don/talento con los demás?
e. ¿Hay algo más que necesite saber?

Pregunta 10

En mi relación más problemática, ¿qué aspectos de (nombre de la persona) están reflejando aspectos de mí?

a. ¿Cuáles son?
b. ¿Qué tengo que hacer para sanar esto con él/ella?
c. ¿Esta energía viene de una vida pasada? Si es así, haz preguntas para explorar.
d. Visualiza a la persona y pregunta: ¿qué necesita de mí para sanar?
e. ¿Hay algo más que necesite saber?

Pregunta 11

¿Qué aspectos de mi alma han sido robados por otros y cómo aún juegan un papel en mi libertad individual?

a. ¿Cómo pongo fin a esto?
b. ¿Cómo recupero las piezas perdidas?
c. ¿Cómo las integro en mi vida?
d. ¿Cómo confío y escucho mejor a mi alma?
e. ¿Hay algo más que necesite saber?

Pregunta 12

¿Qué patrones subconscientes operan en mi vida en relación directa con mis chakras 1 y 2?

a. ¿A qué es a lo que más temo de mi supervivencia personal?
b. ¿Qué tengo miedo de perder?
c. ¿Qué me falta para manifestar plenamente mi creatividad?
e. ¿Cómo sano mejor estos aspectos?
f. ¿Cómo puedo compartir mejor esto con los demás?
g. ¿Qué debo hacer para disfrutar plenamente de la vida?
h. ¿Hay algo más que necesite saber?

Pregunta 13

¿Qué patrones de dilación llevo dentro de mí que me frenan?

a. ¿Cómo me detienen?
b. ¿Dónde se originan?
c. ¿Cómo me afectan en la vida?
d. ¿Cómo afectan a mis finanzas?
e. ¿Cómo se reflejan en mis relaciones personales?
f. ¿Es algo que afecta a mi crecimiento personal y conexión con el Espíritu?
g. ¿Qué tengo que aprender de ellos?
h. ¿Cuál es la mejor manera de borrarlos de mi memoria celular?
i. ¿Dónde los retengo en mi cuerpo?
j. ¿Cómo afectan a mi salud?
k. ¿Qué debo hacer al respecto?
l. ¿Cómo puedo sanarlo?
m. ¿Hay algo más que necesite saber?

Pregunta 14

¿Cuál ha sido mi principal desafío en esta vida desde mi historia ancestral?

Ésta es una pregunta sobre genealogía o ascendencia. Usa tus puntos de gracia a medida que respondes.

a. ¿Cuál es la emoción ligada con este problema? Usa el punto de gracia 1.
b. ¿Dónde retengo la energía en mi cuerpo? Usa el punto de gracia 2.
c. ¿Cómo afecta mi salud mental, emocional y física? Usa el punto de gracia apropiado según la respuesta que recibes.
d. ¿Cómo puedo removerlo mejor en este momento? Usa el punto de gracia 3.

Consulta los diagramas de los puntos de gracia en las páginas 207-210.

Pregunta 15

Asegúrate de usar los puntos de gracia cuando respondas las siguientes preguntas.

¿Qué aspectos de mi genealogía o ascendencia familiar están reteniéndome y qué puedo hacer para removerlos?

a. ¿Está conectado con mi familia paterna?
b. ¿Está conectado con mi familia materna?
c. ¿Cómo afecta a mi bienestar emocional?
d. ¿Cómo afecta a mi salud?
e. ¿Cómo afecta a mis relaciones personales?
f. ¿Esto afecta a mis hijos de alguna manera? (Si tienes hijos).
g. ¿Está creando codependencia en mi vida?
h. ¿Esta energía me impide mejorar mis finanzas?
i. ¿Qué partes de mi genealogía me son útiles?
j. ¿Cómo puedo integrar esto en mi vida?
k. ¿Es para mi mayor bien desconectarme de mi ascendencia?
l. ¿Cómo empiezo a desconectarme de esto?

m. ¿Esto me dará la libertad personal que estoy buscando?
n. ¿Hay algo más que deba saber?

Pregunta 16

La próxima pregunta la responderás con música. Antes de que leas la pregunta, deja el libro y encuentra una pieza musical que sea inspiradora, que te haga sentir maravilloso y delicioso. Deberá ser una pieza de música instrumental que no tenga palabras. Una vez que la tengas lista para reproducirla, abre tus registros y responde mientras escuchas la música.

Pide que te muestren tu magnificencia. Luego pregunta: «¿Cómo puedo expresar esta magnificencia en mi vida diaria de una manera en la que todavía no lo estoy haciendo?».

Pregunta 17

¿Cuál es el animal vivo más fuerte? ¿Qué cualidades de este animal puedo usar en mi vida ahora mismo?

Ésta es una pregunta divertida que siempre me gusta hacer en mis clases del nivel 1 de los registros akáshicos. He respondido esta pregunta docenas de veces. Siempre obtengo un animal diferente y siempre se relaciona con la energía que más necesito durante ese período de mi vida. Usa tu imaginación y no te limites a animales que están vivos; en otras palabras, los animales mitológicos muchas veces vienen a prestar su energía en el proceso.

Pregunta 18

¿Con qué vida pasada puedo conectarme para obtener fortaleza, confianza y autoempoderamiento?

a. ¿Qué necesito saber al respecto?
b. ¿Cómo puedo aumentar la energía de esa vida que está dentro de mí?

c. ¿Qué aprendí en ese entonces que podría utilizar ahora?
d. ¿Me serviría saber más sobre esto? En caso afirmativo, explora los detalles.
e. ¿Cómo puedo integrar mejor esta energía en el presente?
f. ¿Hay algo más que deba saber?

Pregunta 19

¿Cómo me veo atrapado en el drama de la vida?

a. ¿Lo que desencadena mi reacción es la ira, los celos, la tristeza, la depresión, la carencia, la abundancia, el ego alterado?
b. ¿Cómo me provoca esto en la manera en la que respondo a la vida?
c. ¿Cómo me afecta esto mental y emocionalmente?
d. ¿Cómo me impide la paz, el amor y la iluminación?
e. ¿Hay algo más que necesite saber?

Pregunta 20

Visualiza una imagen o fotografía de tu madre. ¿Qué sentimiento o emoción en relación con tu infancia está presente cuando la ves?

a. Describe la emoción.
b. ¿Dónde la guardo en mi cuerpo?
c. ¿Cómo afecta a mi vida en este momento?
d. ¿Cómo se conecta a una experiencia de una vida pasada con ella?
e. ¿Qué sucedió en aquel entonces que pueda ayudarme a entender las emociones que tengo ahora?
f. ¿Cómo las libero?
g. ¿Hay algo más que necesite saber?

Pregunta 21

Visualiza una imagen o fotografía de tu padre. ¿Qué sentimiento o emoción en relación con tu infancia está presente cuando lo ves?

a. Describe el sentimiento.
b. ¿Dónde lo guardo en mi cuerpo?
c. ¿Cómo desempeña un equilibrio en mi vida para mantener la relación masculino-femenino dentro de mí?
d. ¿Cómo está conectado a una experiencia de mi vida pasada con él?
e. ¿Cómo afecta esto a mi vida en este momento?
f. ¿Me sirve en la vida?
g. ¿Cómo lo libero?
h. ¿Hay algo más que necesite saber?

Pregunta 22

Explora estos tres problemas:

a. Temor al abandono.
b. Temor a confiar.
c. Temor a no ser lo suficientemente bueno.

Pregunta 23

Explora estas ocho preocupaciones mundanas que nos consumen y crean ansiedad y complejos:

a. Ganancia y pérdida.
b. Valoración y culpa.
c. Buena reputación y mala reputación.
d. Placer y dolor.

Preguntas que te ayudarán a profundizar más en el proceso

- ¿Puedo profundizar más en esta energía?
- ¿Puedo profundizar más en esta pregunta?
- ¿Hay un tema subyacente?
- ¿Esto viene de alguna persona o evento?
- ¿Esto puede ser revelado a mí en este momento?
- ¿Hay algo más?
- ¿Está relacionado con una vida anterior?
- ¿Pueden llevarme más profundo?
- ¿Cómo lo sano, lo cambio o lo libero?

Si no hay palabras, escribe los sentimientos, emociones e imágenes. Mantente abierto a aromas, visiones, etc.

Otras diez preguntas importantes

1. ¿Cuál es el propósito de mi vida?
2. ¿Cuál es mi pasión?
3. Cuando enfrento los desafíos de la vida, ¿cuál es la fuente de mi fortaleza?
4. ¿Sé cómo consolarme y ser amigo de mí mismo en todo momento, sin importar las circunstancias?
5. ¿Qué estoy haciendo para establecer y mantener relaciones amorosas con las personas más cercanas a mí?
6. ¿Hasta qué punto manejo bien el estrés?
7. ¿Tengo buenas prácticas de salud?
8. ¿Mi trabajo es satisfactorio?
9. ¿Estoy satisfecho con mi camino espiritual?
10. ¿Qué debo hacer para tener una sensación de paz interior?

Capítulo 24

Lo que otros dicen sobre los registros akáshicos

Cuando por primera vez fui consciente del significado de los registros akáshicos, me sentí profundamente conmovida. Hasta ese momento, sabía muy poco acerca de mi evolución kármica. Me llegaban fragmentos de información de diferentes fuentes, pero sin ninguna orientación específica sobre cómo acceder y utilizar correctamente este conocimiento antiguo a voluntad. Tenía muchas preguntas; era tímida, introvertida, insegura y con una historia intelectualmente inventada sobre en quién me había convertido. Además de eso, tenía un rosario de excusas de por qué había seguido dando vueltas en esos patrones negativos de comportamiento habitual... una y otra vez. Los registros akáshicos me transformaron, así como la forma en la que comencé a relacionarme con el mundo exterior.

Tomé mi primera clase intensiva con Ernesto, un maravilloso y calificado maestro. A través de este instructor talentoso y realmente sensible, recibimos la oración sagrada, la clave definitiva para comenzar el diálogo divino con los Señores del Akasha o los Guardianes Kármicos. Ernesto, pacientemente, nos vio dar nuestros primeros pasos en esta magnífica experiencia. Nos permitió descubrir las cualidades infinitas de amor, claridad, sabiduría y el potencial transformador de los registros. Y una vez allí, me sentí inmersa en la pura esencia divina y bañada en bendiciones más allá del lenguaje. Me sentí como en casa y bienvenida.

Desde entonces, he asistido a varios cursos intensivos y clases de registros akáshicos y el cambio ha sido inevitable. He observado mi transformación. Mi timidez se convirtió en amabilidad; la introversión, en introspección; la inseguridad, en confianza; y la ira, en compasión. Poco a poco mis reacciones evolucionaron en acciones afectuosas.

A día de hoy, los registros akáshicos continúan dando forma a mi paisaje espiritual. Brindan consejos reveladores, instrucciones clave, guía divina y respuestas confiables cuando se les pregunta, incluyendo el poder de escribir este testimonio.

María Romero
Miami, Florida.

* * *

Aunque supe por primera vez sobre los registros akáshicos a mediados de la década de 1970 a través de las lecturas de Edgar Cayce, no fue hasta que conocí a Ernesto Ortiz cuando realmente me sumergí en el REGALO muy personal e inmenso de acceder a los registros.

Tomé los niveles 1 y 2 de Ernesto, cuando llegó al norte de California en 2003, y experimenté lágrimas de inmensa alegría por el conocimiento personal y la sanación que me sucedieron. Y simultáneamente logré la claridad del propósito al querer unirme a los nobles esfuerzos de Ernesto por llevar los registros akáshicos a la humanidad, estableciéndome como consultor certificado de los registros akáshicos. Más adelante, en el 2004, también me certifiqué para enseñar el nivel 1 y en 2007 para enseñar el nivel 2.

Ofrecer consultas de registros akáshicos e instrucción a otros ha sido increíblemente satisfactorio para mí, pues he ayudado a otros a sanar, empoderarse, tomar decisiones más sabias y lograr cambios positivos en sus vidas. Sin embargo, mi mayor gratitud para Ernesto y para los Maestros y Guías ha sido por la «riqueza» que literalmente he recibido al abrir día tras día mis propios registros. Una y otra vez he consultado mis registros y he recibido justo lo que necesitaba para dar el siguiente mejor paso en mi vida (¡incluso en casos en que ese paso era realmente «no hacer nada» y permitir que otras cosas cambien primero!).

Una de las más agradables y beneficiosas aplicaciones de esta herramienta ha sido abrir constantemente mis registros durante mi práctica de yoga /meditación dos veces al día. Imposible, por supuesto, hacer una comparación simultánea entre «hacerlo y no hacerlo»; sin embargo, puedo afirmar con mucha certeza que la profundidad de mis meditaciones y la apertura de mi cuerpo a una mayor energía vital, fuerza y flexibilidad han representado un salto cuántico por encima de lo que esperaría simplemente manteniendo una práctica diaria.

Además, con frecuencia abro mis registros cuando estoy en modo de creatividad mientras compongo canciones. El incremento de la facilidad del flujo creativo y de la confianza en general al saber que estoy completamente presente y accediendo a reinos superiores de posibilidades musicales y de expresión, más allá de lo que mi mente o incluso mi nivel normal de creatividad podría acceder, es una fuente de gran alegría para mí (¡y también para aquellos a mi alrededor que están felizmente impresionados con lo que pasa!).

Como dice la canción: «Éstas son algunas de mis cosas favoritas» cuando se trata de los propósitos y los impactos de acceder a mis Maestros y Guías a través de los registros akáshicos. Esto en realidad sólo es la punta del iceberg de lo que he hecho hasta ahora, en unos pocos años, usando este preciado regalo, y ni hablar de todas las nuevas posibilidades de crecimiento que me serán reveladas en las miles de veces que accederé a mis registros en los años venideros. ¡Es un honor estar en este camino con Ernesto y con este número cada vez mayor de almas que brillan y que han estado, o estarán, uniéndosenos en este viaje al corazón!.

JOHN FARGO
Emeryville, CA.

* * *

Desde joven hasta donde puedo recordar, siempre pude *ver* cosas, sentir o saber cosas antes de que sucedieran. Parecía que mi vida estaba en un constante estado de *déjà vu*.

A medida que crecía y se añadían tensiones adicionales a mi vida, como familia, hipoteca, etc., parecía que ya no podía ver tan clara o vívidamente como solía hacerlo. De lo que la mayoría de las personas no se dan cuenta es que a medida que nuestros cuerpos físicos y energéticos se sobrecargan, pareciera que una niebla viene con ello. Esta niebla afecta a nuestra claridad. Luego hay que agregar la velocidad en la cual nuestra sociedad ha decidido vivir, que se ha vuelto abrumadora. Cuando no nos tomamos el tiempo para conectarnos realmente con nosotros mismos, formularnos todas las preguntas y ver los pormenores sobre las situaciones, relaciones y oportunidades, comenzamos a hacer suposiciones. Estas suposiciones pueden causarnos tristeza y dolor innecesarios. A partir de ahí comenzamos a desconfiar de nuestro camino o renunciamos a escuchar por completo a nuestro ser interior, porque creemos que nunca tiene razón. Ahí es donde estuve hace muchos años.

Así que te pregunto, ya que tuve que preguntármelo a mí misma: ¿cómo puedes escuchar las palabras de amor si no te amas a ti mismo? Los registros akáshicos vinieron a mí en un momento en que dudaba de mi guía, mi intuición, de mí misma.

Cuando tomé el curso y me di cuenta de lo simple, lo hermoso, lo amoroso que era, me enganché de por vida. Finalmente pude escuchar la guía que yo anhelaba para sanar mis relaciones con los demás y conmigo misma a un nivel completamente nuevo. Fui capaz de avanzar segura de mis sueños y metas en mi carrera. Tuve más capacidad de cuidar y amar a mis hijos y a mi esposo. Ahora puedo hacer un balance de lo que es realmente importante en mi vida y de lo que puede desaparecer para que cada día sea más y más fácil.

Fue a través de los registros akáshicos como elegí escucharlos y abrí mi propio centro de bienestar. Con la ayuda de los Maestros y Guías pude encontrar la ubicación, diseñar el espacio, atraer a increíbles personas para crear mi visión y luego participar como sanadores internos. Se hizo tan fácil que algunos días tengo que pellizcarme. Un ejemplo de su hermoso conocimiento es que me hablaron sobre ocho personas maravillosas que comenzarían conmigo y que se irían pronto. Esto fue una lección personal sobre artículos contractuales y políticas de contratación. Fue divertido volver atrás en mis diarios y ver que tres meses antes me habían indicado sus nombres exactos, ¡incluso antes de que yo los conociera! A través de este tipo de orientación te das cuenta de que todo tiene un propósito. No hubo tristeza, ni ira, sólo agradecimiento por la hermosa lección que me ayudó a avanzar en mi negocio.

Son innegables los cambios en mi familia, mi hogar, mi salud y mi espiritualidad, en mi propio crecimiento personal y en la habilidad de ver que el mundo, con toda su belleza y oportunidades, está ahí, en frente de mí, como una fruta madura esperando a ser saboreada.

No hay miedo en mi vida, sólo observo fascinada todo lo que me rodea. Si algo no está claro o es desconocido, todo lo que tengo que hacer es preguntar, y es revelado con tanto amor que ahora soy capaz de ver la vida como la hermosa bendición que realmente es. Si pudiera compartir con todo el mundo una herramienta que les diera potencial ilimitado, sería ésta.

Gratitud:

Tracy Blehm
Lasya Healing Centre Inc.
Calgary, Ab Canadá.

* * *

La capacidad de conectar y recibir orientación e información de los Maestros y Guías del Akasha ha tenido un profundo efecto en mi vida. Ser capaz de recibir información confiable de alta vibración de estos Maestros sagrados es un regalo precioso.

Cuando accedo a los registros akáshicos, siento que mi fuerte mente analítica se silencia y me conecto con la sabiduría de mi corazón y mi voz interna. Las sorpresas a menudo me esperan.

Los Maestros siempre me guían con pensamientos positivos. El más importante ha sido: la vida se puede vivir con facilidad. Durante muchos años, mi mente me había convencido de que yo valía más como persona si hacía cosas que fueran difíciles y complicadas. Estoy sorprendida de lo mucho que puedo lograr con la creencia de que puedo seguir un camino de facilidad y simplicidad. Ésta ha sido la enseñanza más importante que he recibido y adoptado. Los Maestros a menudo enseñan utilizando imágenes magníficas y con un gran sentido del humor, se siente como si el Buda sonriente me dice que me ilumine.

Cuando me estoy preparando para hacer un trabajo de sanación vibratoria, llamo a los Maestros y Guías para protegerme y guiarme. Me siento más centrada y confiada sabiendo que están presentes y esto me permite canalizar sonido vibratorio y energía curativa con mayor facilidad y placer.

El mensaje eres muy amada, a menudo, es enviado en cada conexión que tengo con los Maestros y Guías. Es como tener una familia amorosa que quiere lo mejor para mí, que está presente y apoyándome en mi camino hacia un mayor conocimiento y conciencia.

Namasté:

Elizabeth Wallace
Sutton, QC. Canadá.

* * *

La iniciación en los registros akáshicos con Ernesto ha traído para mí un profundo entendimiento y un cambio de paradigma en mi conciencia. Cada vez que me conecto con los Maestros y Guías, logro una comprensión más profunda de quién soy y cuáles son mis deberes en esta vida. También hay un sentido de profunda sabiduría y confianza; ese significado de «el mayor y el más alto» se puede experimentar en este espacio sagrado. Muchas de las lecturas que hago implican explorar el significado más alto de su vida, qué han venido a hacer. Las respuestas que los Maestros y Guías proporcionan a este tipo de preguntas han llevado a una amplia y mayor comprensión de la verdadera naturaleza de nuestro karma. Ahora tengo claro que la mayor estructura de nuestra propia vida está determinada por el Ser Superior de uno mismo antes de nacer; como si el alma fuera al mercado y decidiera: «Veamos, tendré una madre como *é*sta, un padre como *é*ste, tal vez un hermano o dos, quiero ser criado en este tipo de cultura y *éstas son* las tareas que quiero experimentar, lograr o aprender». Para la mayoría, las opciones se desvanecen en el transcurso de los primeros años de vida, dejando a la persona en la situación de buscar un propósito superior de vida, si es que lo hace.

La posibilidad de preguntar buscando iluminación de los Señores de los registros akáshicos es una gran bendición que permite a quienes la buscan la posibilidad de ver claramente los misterios aparentes de la vida de uno mismo. A menudo, las respuestas que se proporcionan requieren integración y expansión de nuestra propia conciencia. A veces puede ser más doloroso saber la verdad que no haber preguntado, y ésta es una de las lecciones más poderosas para mí. La decisión de profundizar en la búsqueda de nuestra propia verdad puede traer una gran cantidad de dolor, pero este dolor también puede ser el camino hacia una mayor sanación y autodescubrimiento. No es una decisión que deba tomarse a la ligera; sin embargo, el crecimiento y la sabiduría que resultan de ello pueden llevarlo a uno a nuevos niveles de conciencia. En conclusión, mis experiencias con los registros akáshicos me han llevado a un mayor respeto, no sólo por mí mismo, también por mis clientes y por la totalidad de la vida en todas partes. Todo tiene su lugar y propósito. Todos somos uno.

V'Rasana Oannes
Zúrich, Suiza.

* * *

Aún sigo sorprendido y me siento honrado de haber conocido los registros akáshicos, esta dimensión sagrada. Este encuentro ha cambiado profundamente mi vida personal y como terapeuta.

En mi vida personal: puedo ir más allá de la liberación de mis viejos recuerdos. Me ofrece mucha más fuerza. Me ayuda a desarrollar una y otra vez el amor dentro de mí, hacia mí y hacia otros. Me siento más y más purificada en mi ser espiritual.

Como terapeuta: me ayuda mucho en el proceso de terapia, dando claves a las personas a las que acompaño para liberarse de las viejas cadenas dentro de ellas mismas y en sus relaciones cercanas, de acuerdo a sus lazos kármicos antiguos. También me permite conducirlos, de una manera más clara y en mayor paz, hacia lo que tienen que darse cuenta en sus vidas, conectándose con sus mayores potencialidades. De acuerdo con mi sentir y experiencia, los registros akáshicos se ofrecen para ayudarnos a convertirnos en lo que somos y que hemos olvidado: seres de luz conectados con el Creador.

BIANCA SAURY,
Terapeuta y escritora.
Auch, Francia.

* * *

Me preguntaron cómo ha cambiado mi vida y qué sanación ha ocurrido en mí al trabajar con los registros akáshicos. Sonreí ante esto y recordé aquella vez cuando me presentaron por primera vez este increíble trabajo. Oh, Dios mío, todo comenzó cuando llegué al aeropuerto el día antes del curso intensivo de los registros akáshicos; las lecciones comenzaron cuando me negaron la entrada a Canadá desde los Estados Unidos, es una larga historia.

Cuando finalmente llegué el día del curso, por la tarde ya estaba tan fascinada que el viaje rápidamente se desvaneció de mi memoria. La experiencia de estar cada día durante siete días en la energía de los registros akáshicos probablemente reconectó partes de mi cerebro y ciertamente mis sistemas de energía, por lo que nunca he vuelto a ser la misma desde entonces.

Abrir los registros akáshicos y pasar tiempo en ellos, que residen en el Akasha, nos permite reconectarnos con nuestro Ser Divino. Dentro de esa energía sagrada y con la guía dada por los Maestros y Guías, somos gentil y amorosamente llevados a la plenitud al mostrársenos cualquier tipo de bloqueos que estén en el camino de conectarnos de nuevo a la Fuente y al Ser Superior. En otras palabras, cualquier cosa que nos esté causando dolor se lleva a la luz y se disuelve o se cambia para permitir que ocurra la sanación.

Para mí, la sanación ha ocurre en cada aspecto de mi vida, desde sanar la autoestima y debilitar fobias sociales hasta superar la depresión y la imagen de mí misma desequilibrada y equivoca. Cambiar una cosa lo cambia todo. Los objetivos de la vida están cambiando, las relaciones florecen o se disuelven, las expresiones creativas adquieren una magia completamente nueva. Ya no me preocupo más, todo está bien.

Los viejos patrones han sido descifrados. Los recuerdos no me provocan y siento que le sucedieron a alguien más. No me importa lo que sea desconocido o no probado. Todo me hace sonreír, en vez de enviarme a la cama a esconderme bajo las sábanas o al refrigerador por un litro de helado de Ben and Jerry's. ¿Sabes cuán maravilloso es eso?

Al escribir esto, de repente me doy cuenta de que en todo el trabajo de superación personal que he realizado, que es bastante, créanme, hubo un cambio intelectual y racional que me fue concedido y que me llevó a donde estoy ahora. La diferencia para mí es que cuando estoy en los registros akáshicos escuchando, realmente escuchando y entendiendo lo que los Maestros y Guías me están diciendo y aplicándolo a mis pensamientos y vida, hay un cambio que ocurre, comenzando al nivel del alma y expandiéndose a través de todas las capas, dimensiones y compartimentos que tenemos como seres humanos. Es como sumergirse una vez más en las mismas aguas de la vida y lentamente limpiar toda la oscuridad y suciedad que hemos acumulado. Sonrío, bueno, por supuesto, estás recibiendo orientación de seres ascendidos y reconectándote con tu fuente, niña tonta, no podría pasar otra cosa.

Cuando sólo durante un momento, un breve momento en el tiempo, podemos vernos como realmente somos, en la increíble complejidad y magnificencia eterna que hemos olvidado, nuestra alma suspira de alivio y esta vida que estamos viviendo ahora finalmente adquiere una nueva perspectiva. De repente, es un juego de niños…, sonrisas.

Julie Katzer
Spokane, WA.

* * *

La conexión con los Maestros y Guías del Akasha se siente como volver a casa, a ese lugar donde están esperándome preciosos entendimientos, consuelo y amor incondicional, siempre disponibles mientras que mi corazón sea puro, humilde y sincero. Seguir el camino de reconexión con mi alma bajo la poderosa y amorosa guía de Ernesto me ha llevado a restablecer el contacto con el Akasha cada día.

No sólo valiosos conocimientos, también oleadas y lluvias de energía de amor de alta frecuencia vienen a mí, día tras día. Sostenido en este abrazo, de repente, puedo ver más allá de los límites de mi pequeño ser, puedo sanar y crecer.

Lo más sorprendente es lo rápidos e inmediatos que son los beneficios. Las viejas heridas pueden salir a la superficie en este lugar seguro, ser vistas, reconocidas y sanadas. Ahora, gracias a la guía de Ernesto en el mundo del Akasha, aprendo más sobre la vida y me siento más completa que nunca antes, ya que pude darles la bienvenida a algunas partes perdidas de mi alma que han regresado a mí.

TINA HELLINGRATH
Toulouse, Francia.

Capítulo 25

Registros akáshicos, niveles 2, 3 y 4

Los niveles 2, 3 y 4 de los registros akáshicos son ofrecidos por Ernesto Ortiz y otros instructores certificados de *Journey to the Heart* (Viaje al corazón). Los niveles 2, 3 y 4 se ofrecen sólo durante una clase en vivo. Éste es un elemento esencial debido a las dinámicas creadas con los participantes. En la clase del nivel 2, tenemos díadas, la interacción entre dos o más participantes para formular y responder preguntas. La clase del nivel 2 puede llevar al estudiante al nivel de consultor si la persona así lo desea.

En la clase de nivel 2, aprendes a abrir los registros akáshicos para otros. Al igual que en el nivel 1, trabajaremos con el arte de traducir la información recibida de nuestros Maestros y Guías, nos sintonizaremos con la esencia del amor puro, la luz y el Espíritu. Esta clase de dos días te da la oportunidad de profundizar en tu sanación personal y se suma a la experiencia del nivel 1 mientras ingresas al espacio sagrado de otro buscador para acceder a sus registros akáshicos. En muchos casos, esta experiencia transforma la vida de las personas que reciben la información.

La clase del nivel 2 te ofrece la oportunidad de sintonizar tu recepción de información, pues no sólo la recibes, sino que también la compartes a través del poder de la palabra hablada. Durante esta clase, podrás trabajar con tus compañeros consultores a medida que hacen equipo y practican acceder a los registros akáshicos entre sí. Tendrás la oportunidad de que tus registros sean leídos y de validar tus propias respuestas en el proceso. Al trabajar con otros, estarás abierto a recibir información en formas que no has experimentado antes. Te ajustas al modo de servicio puro e incondicional para los demás y compartes el sonido, el gusto, los sentimientos y las emociones que recibes. A menudo, es un momento para invitar a sus seres queridos a entrar y comunicar asuntos inconclusos, expresar amor o pedir perdón y resolución con la persona para la que estás leyendo.

También aprenderás los puntos de gracia del nivel 2, cómo lidiar con los patrones de interferencia, cómo formular mejores preguntas, cómo crear un espacio sagrado y meditaciones adicionales para aumentar tu propia frecuencia vibratoria.

La clase de los registros akáshicos del nivel 3 es una integración de las dos clases anteriores a medida que profundizamos en la experiencia de los registros akáshicos. Esta clase es sobre TI y la profunda sanación personal que es posible, una vez que te sumerges bajo la superficie y alcanzas la raíz misma del sistema del ser. Este sistema es lo que te alimenta, lo que te nutre y está activo dentro del yo veinticuatro horas al día. Es parte de la programación subconsciente e inconsciente y de las respuestas automáticas que llevamos dentro de nosotros mismos.

En el nivel 3 aprendemos a identificar las células imaginales y qué hacer con ellas. Aprovechamos la energía del Código Amos, el código de Dios o huella dactilar dentro de nosotros, y despertamos dentro de nosotros mismos para crear una vida magnífica. Aprendemos los puntos de gracia avanzados, algunos de los cuales ayudarán a desarmar las células imaginales y algunas otras que te ayudarán a concretar el nuevo Código Amos y otras experiencias positivas.

En la clase de nivel 3 exploraremos:

- El arte de cuestionar, cómo formular preguntas que puedan llevarte a profundizar.
- Los patrones de sanación ancestrales.
- La genealogía personal y el papel que está desempeñando en tu vida.
- El ADN y las relaciones personales.
- Los puntos de gracia avanzados.
- Las células imaginales y cómo juegan un papel importante en tu vida.

- Cómo descubrir y activar el Código Amos. Este código está dentro del ADN como la firma de Dios y contiene el mensaje de sanación y paz.
- Cómo usar el cuerpo físico para fijar toda la información y energía recibida.
- Cómo transformar adicciones y miedos en amigos y aliados. Éste es un material poderoso que te ayudará a conquistar a todos tus demonios internos. No hay nada mejor que eso.

En la clase de nivel 4 exploraremos:
Esta clase es completamente experimental, en la cual utilizamos los registros akáshicos para explorar internamente y desahogar los bloques que todavía no hemos podido limpiar. Este nivel se llama el nivel Libélula, aquí es donde realmente aprendemos a volar.

Capítulo 26

Cierre

La diferencia entre lo mundano y lo espiritual es nebulosa, puesto que lo espiritual y lo material están profundamente relacionados. La vida que vivimos refleja su armonía esencial o está llena de aparentes contradicciones y desafíos que requieren introspección, entendimiento y autorrealización. Los registros akáshicos nos reconectan con el momento presente de la experiencia y nos permiten reconocer la profunda y significativa conexión que tenemos con lo Divino. Los registros abren nuestros ojos al pasado y nos dan los medios para sanar todos y cada uno de los problemas. Proporcionan las herramientas para avanzar hacia el futuro con libertad.

Cuando las personas se embarcan en un viaje espiritual, deben lidiar con las dimensiones de lo mundano y lo espiritual y pueden sentir la separación de las dos. Espero que este material les permita ver que no hay división en absoluto, que estas dimensiones están operando en este plano físico porque es aquí, en lo físico, donde necesitan encarnar su espiritualidad e integrarla con la vida diaria. Es en este plano de existencia donde ellas pueden dejar ir el pasado y abrazar por completo el futuro, donde puedan dejar que su luz brille en el presente. Al dejar que su luz brille, son un ejemplo para que otros hagan lo mismo.

Los registros akáshicos y todos sus atributos nos afirman en la idea de una vida humana honesta y completa. Los registros akáshicos son el centro de una humanidad en evolución y traen una interpretación e inspiración concreta, así como una instrucción para vivir una vida bien equilibrada y práctica. Incorporado dentro de esta sabiduría, hay un ímpetu espiritual que nos impulsa a vivir una vida de verdad y a buscar constantemente una mayor sabiduría. Deja que los registros akáshicos sean tu acompañante y tu guía. Crea una profunda y significativa relación con los Maestros y Guías, y confía en que ellos están aquí para apoyarte en tu vida.

Te dejaré con estas palabras:

Ten el coraje de mirar hacia dentro
No permanezcas en la duda y el miedo
Gana confianza en la propia liberación
Encarna tu belleza y magnificencia
Sé feliz y comparte tu felicidad con el mundo
No tengas miedo de amar, porque al final, eso es todo lo que importa.

ERNESTO

Referencias

CAMERON, JULIA. *El camino del artista: un camino espiritual hacia la más alta creatividad.* Nueva York: Jeremy P. Tarcher/Putnam, 1992.

CHIA, MANTAK. *Despertar la luz curativa del Tao.* Edición de Judith Stein. Chiang Mai, Tailandia: Universal Tao Publications, 1993.

«Documento 25: Las huestes de los mensajeros del espacio», en *El libro de Urantia: una revelación.* Uversa Press, 2003.

«Encrucijada para el planeta Tierra, Edición especial» en *Scientific American* (septiembre de 2005).

HAANEL, CHARLES F. *Los maravillosos secretos del yogui.* Wilder Publications, 2009.

«Investigación espiritual sobre las causas y el tratamiento de las adicciones: una perspectiva espiritual». Spiritual Science Research Foundation, www.spiritualresearchfoundation.org

LEADBEATER, C. W. *Los chakras.* Wheaton, IL: Quest Books, 1973.

«Oración sagrada» traducida por Jim Duyer, Evento 12: herramientas para la traducción del lenguaje antiguo y moderno y del número maya, www.Event12.com

ORTIZ, ERNESTO. «2012 como el final del ciclo cósmico»; Journey to the Heart website; www.journeytotheheart.com; 2011.

PLOTKIN, BILL. *Naturaleza y el alma humana: cultivando plenitud y comunidad en un mundo fragmentado.* Novato, CA: New World Library, 2008.

REDMOND, LAYNE. *Meditación chakra.* Boulder, CO: Sounds True, Inc., 2004.

RINPOCHE, PHAKYAB. *Phowa, el camino de la transferencia profunda.* Class Manual, 2010.

RIMPOCHÉ, SOGYAL. *El libro tibetano de la vida y la muerte.* San Francisco, CA: Harper SanFrancisco, 1994.

Wikipedia, la enciclopedia libre en Internet, www.wikipedia.org

WILLIAMSON, MARIANNE. *Un regreso al amor: reflexiones sobre los principios de «Un curso de milagros».* Nueva York: HarperCollins Publishers, Inc., 1992.

Recursos

Para las clases y cursos intensivos de registros akáshicos, así como para consultores certificados por Journey to the Heart, visita nuestro sitio web *www.journeytotheheart.com*

Para meditaciones gratuitas, música y más, visita www.journeytotheheart.com y haz clic en Free Stuff.

Para quienes desean una ceremonia de limpieza personalizada, visitad: www.journeytotheheart.com

Si deseas obtener un enfoque más personalizado sobre el material y recibir una transmisión directa, puedes asistir a una clase en vivo donde la energía del grupo dirige el flujo de la clase y tienes contacto directo con un profesor. Como alternativa, puedes comprar las clases del Nivel 1 en cuatro DVDs en www.journeytotheheart.com

Sushila Oliphant

Para sitios web y diseños gráficos, especialización en soluciones gráficas para pequeñas empresas. Visita http://harmonicdesigns.com

Otras publicaciones de Ernesto Ortiz

Masaje con piedras calientes
Editorial: Mud Puddle Books
ISBN: 1594121079

En la presencia del Amor
Editorial: AuthorHouse
ISBN: 10: 142599993X
ISBN: 13: 978-1425999933

Los registros akáshicos. Nivel 1, en 4 DVD
ISBN: 9780981528403

Masaje Tian Di Bamboo. DVD
ISBN: 806777188639

Índice analítico

D

E

F

G

Y

Z

Índice